셀리더

순장

목자

도움서

셀리더 순장 목자 도움서

지은이 | 이평강
초판 발행 | 2019. 12. 26
8쇄 발행 | 2024. 2. 20
등록번호 | 제1988-000080호
등록된 곳 | 서울특별시 용산구 서빙고로65길 38
발행처 | 사단법인 두란노서원
영업부 | 2078-3352   FAX | 080-749-3705
출판부 | 2078-3331

책값은 뒤표지에 있습니다.
ISBN 978-89-531-3657-1   03230

독자의 의견을 기다립니다.
tpress@duranno.com   www.duranno.com

두란노서원은 바울 사도가 3차 전도여행 때 에베소에서 성령 받은 제자들을 따로 세워 하나님의 말씀
으로 양육하던 장소입니다. 사도행전 19장 8-20절의 정신에 따라 첫째 목회자를 돕는 사역과 평신도
를 훈련시키는 사역, 둘째 세계선교(TIM)와 문서선교(단행본·잡지) 사역, 셋째 예수문화 및 경배와 찬양 사
역, 그리고 가정·상담 사역 등을 감당하고 있습니다. 1980년 12월 22일에 창립된 두란노서원은 주님
오실 때까지 이 사역들을 계속할 것입니다.

셀리더 순장 목자 도움서

이평강 지음

공동체를 춤추게 하는
리더의 100일 습관

두란노

Step 1   핵심 습관 세우기

Step 2   핵심 습관의 걸림돌 제거하기

Step 3   리더로서 역량 갖추기

Step 4   삶의 터전에서 선한 이웃으로 살기

　몇 년 전에 여러 차례 셀교회 코칭을 했던 A교회의 부목사로부터 리더를 교육해 달라는 연락을 받았다. 예전에 리더 교육을 했던 터라 어떤 교육이 필요한지 물었더니 "아무것이나 하셔도 상관없습니다. 그냥 목사님이 생각하시는 리더 훈련을 하시면 됩니다"라고 말했다.

　A교회는 오랜 시간을 거쳐 리더 교육뿐만 아니라 심도 있는 코칭까지 했는데 아무것이나 상관없다는 말에 의아했다. 부목사가 A교회에 온 지 얼마되지 않았기에 모를 수 있다는 생각에 담임목사에게 전화로 현 상황을 물었다.

　"목사님, 죄송해요. 목사님이 우리 교회를 위해 오랫동안 수고하셨는데 제가 부족해서 계속 이어 가지 못했네요. 사실 셀교육을 받고 진행해 봤는데 성도들이 잘 따라오지 못해서 몇 년째 중단하고 있습니다. 죄송하지만 이번에 다시 한 번 지도해 주시면 고맙겠습니다."

　A교회 담임목사와 통화를 한 후에 한참을 생각했다. 아마 독자들 중에 A교회 이야기를 공감하는 분이 있을 것이다. 실제로 많은 교회가 소그룹(셀, 목장, 속회, 사랑방 등)을 도입했지만 안정적으로 정착한 교회가 많지 않은 게 현실이다.

　"우리 교회도 셀 교육을 받았는데 잘 안 되었어" 하는 이들 중에는 셀교회(소그룹 중심의 교회)를 한때 떠들썩했던 유행으로 생각하는 분도 있다. 셀(공동체)은 분명 성경적이며 교회의 본질인데 무엇이 문제일까?

오랫동안 현장에서 코칭하면서 발견한 것은, 한국의 셀교회를 시스템화된 프로그램으로 여기거나 공동체의 본질을 신앙의 라이프스타일(life style)로 받아들이지 않고 셀의 핵심 가치를 간과한 교회의 소그룹 조직으로만 소개되었다는 것이다.

실제로 많은 교회가 소그룹 모임을 셀과 동일시하는 경향이 있고, 일주일에 한 번 모이는 모임을 공동체로 생각한다. 그렇다보니 대부분의 교회들이 어떻게 하면 성도들을 모이게 할까, 주중에 모일까, 주일에 모일까, 지역으로 셀을 편성할까 아니면 관심별로 할까, 주축 연령대를 어떻게 조정할까, 모임에 참석하지 않는 성도들을 어떻게 모임에 합류시킬 수 있을까 등 소그룹 운영에 관한 고민에만 빠져 있다.

중요한 것은 성경에서 말하는 공동체는 모임이 아니라, 라이프스타일 즉 성도의 공동체적 삶을 이야기하고 있다는 것이다. 물론 초대교회 성도들도 모임을 중요하게 생각했다. 그러나 오늘날처럼 일주일에 한 번 모이는 그런 모임이 아니라, 언제나 지체들과 그리스도의 몸으로 연결된 삶으로서의 모임이었다.

지체가 서로 그리스도의 몸으로 연결되지 않은 소그룹은 공동체의 본질에서 벗어나 있으므로 초대교회 성도들에 비해 역동이 현저히 떨어질 수밖에 없다. 공동체성을 잃은 신앙은 사도들의 여러 가지 당부와 권면이 피상적으로 들릴 수밖에 없다.

공동체의 삶과 모임이 서로 연속성이 없는 것은 우리의 신앙 배경이 학습 위주로 전개되었기 때문이다. 교회에서 제자훈련과 같은 교육을 많이 받지만 지식에 머무르는 훈련이었고, 실습도 교육 기간 중에만 이뤄졌을 뿐이다.

우리가 배운 대로 살지 못한다는 것은 주지의 사실임에도 불구하고, 오늘날 교회 교육은 성경을 배우고, 교리를 배우는 배움 위주이지 라이프스타일에 변화를 가져오는 데 초점을 두지 않고 있다. 그럼으로써 교리나 성경 지식은 향상되었을지 모르지만, 포스트모던 시대에 그리스도의 몸을 세우는 삶은 갈수록 약화되고 있다.

성경에 기록된 성도의 삶은 지적 성장이 아니라, 빛과 소금으로 사는 일상의 신앙이다. 자기를 부인하고 자기 십자가를 지고 나를 따르라는 예수님의 명령(막 8:34)은 아는 것으로는 이룰 수 없다.

나는 오랫동안 '셀이 살아나는 세미나'를 인도하고 있다. 공동체의 라이프스타일을 강조함에도 이론과 프로그램, 자료만 요구하는 목회자가 생각보다 많다. 이들은 공동체 안으로 들어오기보다 관람객에 머물러 관찰하기를 좋아한다.

"뭐 다 아는 내용인데, 그냥 했다 치고 넘어갑시다." 지식이나 매뉴얼, 교재가 사람을 바꿀 수 없건만, 목회자들은 자신들이 사용할 거리(자료)를 요구한다. 알고 있으니까 그냥 방법만 가르쳐 달라는 식이다. 그때마다 "했다 치고는 반드시 했다 치고의 열매가 나옵니다"라는 말로 먼저 공동체 안에 들어가기를 권한다. 공동체는 프로그램이나 시스템이 아니라, 하나님의 코이노니아를 누리는 것이기 때문이다.

이 책은 '했다 치고'의 학습 과정이 아니라, 실제로 하나님의 코이노니아 안에서 그리스도의 몸에 관한 이론과 라이프스타일에 초점을 두고, 기도와 묵상의 개인 영성을 하나되는 공동체 영성으로 확대될 수 있도록 구성하였다. 그러면서 100일 동안 공동체에 필요한 핵심 습관을 갖게 함으로써 전인격적 제자훈련이 될 수 있도록 하였다.

특별히 이 책이 출판될 때까지 물신양면으로 후원해 주신 안산동산교회 김성겸 담임목사님과 당회에 감사드린다. 그리고 큰숲네트워크 목사님들과 사랑하는 아내(김현미 사모)와 두 아들 세윤이와 세환이에게 늘 사랑한다는 말을 전하고 싶다.

2019년 12월 큰숲플랫에서
이평강

○ 1. 새로운 핵심 습관을 만드는 100일 동안은 리더 개인의 '큐티와 기도'를 하루의 우선순위로 정한다.

○ 2. 정해진 시간에 큐티(quiet time/묵상)와 기도를 한 후 각 주 차 말미에 마련한 체크표 빈칸에 그날 말씀과 기도를 통해 받은 '은혜와 감동'을 짧게 기록한다.

○ 3. 밴드나 카카오에 단톡방(단체방)을 개설하여 매일 '은혜와 감동'을 짧게 올린다.

○ 4. 훈련 받는 리더 3명씩 짝으로 엮은 뒤 서로 후원자가 되게 한다. 각 3명씩 구성된 후원자 2~3팀을 하나의 셀그룹(총 6~9명의 리더)으로 정한 뒤 14주 간 모임을 갖는다.

○ 5. 단톡방에서 후원자끼리 확인한다(만일 정해진 시간까지 SNS에 글이 올라오지 않으면 서로 연락해 본다).

○ 6. 후원자 정하기
  • 후원자는 동성이어야 하며 3명(훈련생 본인 포함)이 효과적이다.
  • 100일 동안 나와 상호 책임을 다할 후원자는 누구인가?

  후원자 1/   2/   3/

이 책은 그리스도의 몸인 공동체를 회복하는 것과 리더의 핵심 습관을 만들기 위해 100일간의 일정으로 구성되었다. 14주 동안 각 주의 주제를 읽고, '개인 적용'에 자신의 생각과 느낌을 기록한 후에 셀모임에서 나누도록 하였다.

○7.   셀모임 진행 방법

- 셀그룹이 여러 개일 경우는 목회자가 주제를 10~15분 정도 짧게 강의한 후에 흩어져서 셀모임을 할 수 있고, 그렇지 않은 경우 강의 없이 성도 중심으로 셀모임을 할 수 있다. 그룹의 인도자는 셀원 중에 한 명을 세우거나 혹은 돌아가면서 인도한다.
- 셀모임은 4W 형식으로 진행한다(부록 참고).
- Welcome은 환영하는 시간이다. 가벼운 대화로 긴장된 분위기를 푼다.
- Worship의 찬양곡은 성령님이 인도하시는 대로 리더나 인도자가 준비한다.
- Word는 한 주간의 은혜와 주어진 질문에 대해 나눈다.
- Work는 후원자 상호간에 짧게 기도한 후 전체가 함께 기도한다.

○8.   용어 정리

교회마다 소그룹의 명칭이 다양하지만, 일반적으로 목장, 구역, 사랑방, 속회 등의 소그룹을 셀이라고 한다. 이 책에서는 본질을 다룰 때는 주로 공동체로, 모임을 말할 때는 셀로 명명할 예정이다(애매한 경우에는 공동체와 셀이 혼용될 수 있다).

시작기
(일주일)

시작으로부터 일주일. 우리의 뇌는 변화를 싫어하기 때문에 새로운 시도를 강력하게 저항할 것이다. 일주일은 시작의 기대감과 변화의 저항이 교차하는 시기다.

적응기
(2~4주)

어느 정도 몸과 마음이 새로운 습관을 받아들이는 시기이지만, 방심하면 자신의 목표를 잃어버릴 수 있기 때문에 후원자와의 협력이 중요하다. 제임스 클리어(James Clear)는 "매일 1%씩 성장하면 1년 뒤에 시작했을 때보다 37% 성장한다"고 했다. 37% 성장한 당신의 모습을 상상해 보라.

성장기
(5~8주)

이전 습관에서 조금씩 벗어나 새로운 습관의 영향력이 생기기 시작하는 시기로 작은 기쁨도 얻을 수 있다. 그러나 방심하면 관성의 법칙에 의해 흔들릴 수 있으므로 회귀의 유혹에 냉정하게 대처할 수 있도록 마음가짐이 중요하다.

성숙기
(9~12주)

완전히 새로운 습관이 생긴 것은 아니지만, 이전 습관보다 새로운 습관이 더 익숙한 시기다. 새로운 습관이 정착될 수 있도록 반복해야 한다.

정착기
(13~14주)

변화가 확연하게 드러나며 이 시기를 극복하면 회귀하려는 습관은 사라지고 새로운 습관이 일상생활에 정착하게 된다. 그러나 방심은 금물이다. 새로운 습관이라 할지라도 한두 번 무시하면 언제든지 잃어버릴 수 있다.

핵심 습관 세우기

Day 1-7 · 핵심 습관 시작기

왜 공동체에서

핵심 습관을 들여야 하는가?

습관이 중요한 이유

'은혜의 유통기한은 설교는 축도까지, 교육이나 양육은 1개월, 부흥회는 3개월, 치유수양회는 6개월'이라는 웃지 못할 농담이 있다. 이 농담은 오랜 경험에서 비롯된 허탈감을 표현한 것이라 할 것이다. 왜 이런 농담이 통용되는 걸까?

한마디로 말하면, 말과 지식은 사람을 변화시킬 수 없다는 것이다. 아무리 좋은 교훈이나 심지어 성경 말씀이라 할지라도 지식에 머문다면 잠시 감동은 있어도 삶에 변화를 주지는 않는다는 단적인 예다.

많은 리더가 셀 교육을 받지만, 여전히 셀을 인도하는데 어려움을 겪고 있고, 셀의 역동은 살아나지 않는다. 신앙교육도 마찬가지로 지성을 바탕으로 배움에 주력하고 있다. 배움은 중요하지만, 배움이 지식에 한정되면 오래가지 못한다. 머리에서 가슴까지 내려가기 힘들고, 가슴에서 손발로 내려가는 것은 더 어렵다는 말이 있듯이 배움을 통해 습득한 지식이 삶의 패턴을 변화시키기에는 한계가 있다. 우리는 걸어온 길을 멈추고 새로운 길을 선택하는 것은 여간해서 어렵다는 것을 잘 알고 있다.

이는 습관 때문이다. 습관은 우리 삶을 견인하는 핵심축에 속한다.

부지런한 사람은 일찍 일어나는 습관이 있고, 공부 잘하는 학생은 독서하는 습관이 있다. 균형이 있는 사람 중에는 운동하는 습관이 있는 사람이 많고, 아침에 일어나자마자 화장실에 가는 습관을 가진 사람이 있는가 하면, 창문을 활짝 열고 커피를 마시는 습관을 가진 사람도 있다. 습관은 이처럼 의식과 상관없이 거의 자동으로 일상적으로 일어난다.

처음 운전을 배울 때는 차선을 바꿀 때마다 신경 써서 지시등을 켜고, 규정 속도를 지킬 뿐만 아니라, 운전할 때마다 온 신경을 집중한다. 그러나 운전 경력이 쌓이면 처음 운전할 때와 달리 운전 중에 거리의 풍경도 보고, 무의식적으로 지시등도 켠다. 심지어 몇 십 분을 딴생각하며 운전하기도 한다. 듀크대학교 연구진에 의하면 우리 행동의 40%는 선택의 결과가 아니라, 습관에 의한 결과라고 한다.《습관의 힘》의 저자 찰스 두히그(Charles Duhigg)는 "습관이란 어떤 시점까지는 의식적으로 결정하지만, 나중에는 생각조차 하지 않으면서도 거의 매일 반복되는 선택"이라고 말했다.

성경에서 신앙의 본이 된 인물을 보면, 한결같이 좋은 신앙의 습관을 가지고 있다. 아브라함은 예배하는 습관을 (창 12:8, 13:4, 13:18), 다니엘은 죽음 앞에서도 굴하지 않는 기도하는 습관(단 6:10)을 가지고 있었고, 바울은 매를 맞고 옥에서 풀려났을 때 자기의 관례대로(행 17:2) 말씀을 강론하는 습관이 있었다. 이것이 죽음 앞에서도 굴하지 않던 바울의 복음을 향한 믿음의 습관이었다.

내가 달려갈 길과 주 예수께 받은 사명 곧 하나님의 은혜의
복음을 증언하는 일을 마치려 함에는 나의 생명조차 조금도
귀한 것으로 여기지 아니하노라 행 20:24

하나님은 하나님을 청종치 않는 잘못된 습관을 가진
자에 대해 예레미야 22장 21절에서 "네가 평안할 때에 내
가 네게 말하였으나 네 말이 나는 듣지 아니하리라 하였
나니 네가 어려서부터 내 목소리를 청종하지 아니함이
네 습관이라"고 꾸짖으셨다.

성도는 믿음의 좋은 습관을 가져야 한다. 특히 리더가
되기 위해선 다른 사람들보다 더 좋은 신앙의 습관이 필
요하다. 좋은 습관을 가지고 있으면 유익하지만, 나쁜 습
관은 어려움을 초래한다. 많은 사람이 잘못된 습관을 바
꾸려고 하지만, 작심삼일로 그치는 것은 그만큼 습관을
고치기 어렵기 때문이다.

핵심 습관의 힘

잘못된 습관 하나를 제대로 고치면 행동 변화에 대한
자신감이 생겨 다른 행동에도 파급 효과를 일으키게 되
는데 이것을 '핵심 습관'이라고 한다.

2010년 KBS에서 신년기획으로 〈습관〉이라는 다큐멘

터리를 방송한 적이 있는데, 당시 정리정돈을 하지 않던 대학생 김모씨는 프로그램에 참여한 뒤 놀라울 정도로 깔끔한 습관으로 바뀌었다. 그녀는 "예전에는 계획을 세우면 모두 실패하곤 했는데 이제는 '목표를 세우면 이룰 수 있겠다' '스스로 많이 변화할 수 있겠다'는 생각이 들어서 좋아요"라고 했다.

그녀는 단순히 정리정돈이라는 좋은 습관을 얻은 것뿐 아니라 더 큰 것을 얻게 되었다. 습관은 고치기 힘들지만, 하나를 제대로 고치면 행동 변화에 대한 자신감이 생겨 다른 행동에도 변화를 일으킨다. 찰스 두히그는 "핵심 습관을 바꾸면 그 밖의 모든 것을 바꾸는 것은 시간문제"라고 말했다.

대표적인 핵심 습관이 '운동'이다. 연구 결과에 따르면, 운동이 핵심 습관이 된 사람은 건강은 물론이거니와 식습관도 좋아져서 생산성이 높아지고, 술, 담배도 절제하고, 동료와 가족들과의 관계도 좋아진다고 한다. 정리정돈이 핵심 습관이 된 대학생 김모씨처럼 행동 변화에 따른 파급효과가 생산성, 행복지수, 예산을 통제하는 절제력과 연관관계가 있다는 것이다.

이 책은 '개인 영성'이 핵심 습관이 되도록 돕는다. 수십 년 동안 셀 코치로 사역을 하면서 셀(공동체)의 어려움은 훈련이나 시스템의 문제가 아니라, 리더의 신앙 라이프스타일(life style)이 원인이라는 것을 알게 되었다. 라이프스타일은 개인의 영성이 기초가 되어 공동체의 영성을 이루고, 공동체적 삶을 이루기 때문이다. 그런데 우리는 지금까지 셀을 운영하기 위한 훈련이나 시스템에 초점을 맞춰 왔던 것이 사실이다.

그래서 14주 동안 훈련에 참여한 리더들에게 '기도와 말씀'이 자신의 핵심 습관이 되어 공동체에 필요한 행동 변화에 파급효과를 일으키도록 기획하였다. 훈련이 끝날 무렵 그리스도의 몸으로서 공동체성이 회복될 것이고, 이 공동체 영성은 코이노니아의 일상적인 삶인 교제와 섬김, 관계 회복, 구제, 긍휼과 사랑 등을 풍성하게 해 교회와 이웃에게 흘러갈 것으로 기대한다.

새로운 습관을 효과적으로 얻기 위해 중요한 네 가지 과제가 있다. **첫째는 새로운 습관에 대한 성취 동기를 가져야 한다.** 성취 동기는 내적 의욕을 끌어올린다. 예를 들어, 뚱뚱한 지금의 모습보다 날씬하고 턱선이 살아 있는 미래의 모습을 기대하는 것처럼 셀모임 때마다 영적 변화 없이 "이번 주도 성경책 한번 펼쳐 보지 못했네요"라고 얼버무리는 모습에서 한 주 동안 말씀과 기도를 통해 하나님과 인격적으로 만나는 모습을 기대한다면, 새로운 영적 습관을 얻을 가능성이 그만큼 높아진다.

둘째는 새로운 습관을 얻기 위해서는 최소한 100일을 투자해야 한다. 영국 런던대학교의 제인 위들(Jane Wardle) 교수팀이 일반인을 대상으로 한 실험에서 사람마다 차이는 있지만, 매일 같은 행동을 66일 동안 반복할 때 새로운 행동이 생기는 것을 발견했다. 66일 만에 새로운 습관이 생긴 것이다. 여기서 66일간은 새로운 습관이 형성되는 최소한의 임계점이므로 예전의 습관으로 돌아갈 수 있는 불안전한 시기이기도 하다. 그래서 나머지 34일을 더해 100일 동안 지속했을 때 완전한 습관이 되었다. 그렇기에 100일을 훈련해야 새로운 습관이 확고해진다.

셋째는 새로운 습관을 만드는 동안 함께 상호 책임을 지는 후원자가 있어야 한다. 새로운 습관을 가지려는 의지와 노력도 중요하지만, 함께 짐을 지는 후원자가 있을 때 더 효과적이다. 새로운 습관을 얻기로 결심했다면, 같은 목표를 가진 지체를 찾아야 한다.

넷째는 새로운 습관을 통해 얻는 작은 성취감을 그때마다 기록하는 것이 좋다. 새로운 습관을 시도해서 일어나는 변화는 작을지라도 자랑스럽다. 각 장 말미에 있는 '은혜와 감동'란에 기록하다 보면 큰 힘이 될 것이다.

왜 핵심 습관을 소그룹에서 들여야 하는가?

두 사람이 한 사람보다 나음은 그들이 수고함으로 좋은 상을 얻을 것임이라 혹시 그들이 넘어지면 하나가 그 동무를 붙들어 일으키려니와 홀로 있어 넘어지고 붙들어 일으킬 자가 없는 자에게는 화가 있으리라 또 두 사람이 함께 누우면 따뜻하거니와 한 사람이면 어찌 따뜻하랴 한 사람이면 패하겠거니와 두 사람이면 맞설 수 있나니 세 겹 줄은 쉽게 끊어지지 아니하느니라 전 4:9-12

무엇이든 혼자일 때보다 둘일 때 성공할 가능성이 높다. 지혜의 왕 솔로몬은 두세 사람이 한 몸을 이룬 세 겹 줄은 쉽게 끊을 수 없다고 했다(전 4:12). 이것은 마치 한 장의 종이는 쉽게 찢어지지만, 여러 장이 겹친 두꺼운 책은 찢어지지 않는 것처럼 어떤 일이든 두세 사람이 함께 할 때 그만큼 성공률이 높아진다.

혼자서 새로운 습관을 만들기는 쉽지 않지만, 공동체가 함께 새로운 습관을 만들면 그만큼 성공률이 높을 수밖에 없다. 특히 이 책은 공동체를 더 강력하게 하는 후원자 시스템을 통해 공동체에서 더 친밀한 상호 책임 관계를 추가하려고 한다. 두세 사람의 후원자와 함께 짐을 진다면 결코 새로운 습관을 만드는 것이 어렵지 않을 것이다.

'1단계 핵심 습관 세우기' 2~4주 차에서 공동체에 대해 구체적으로 살펴보겠지만, 지체들이 함께 짐을 지는 공동체의 능력은 우리의 상상보다 크고 위대하다. 따라서 후원자를 통해 그리스도의 몸된 공동체를 경험하고, 새로운 습관을 만들 수 있는 일거양득의 효과를 얻게 될 것이다.

성도는 믿음의 좋은 습관을 가져야 한다.
특히 리더가 되기 위해선
다른 사람들보다
더 좋은 신앙의 습관이 필요하다.

1주 차 핵심 습관 체크

NO	큐티	기도	은혜와 감동
Day 1	☐	☐	
Day 2	☐	☐	
Day 3	☐	☐	
Day 4	☐	☐	
Day 5	☐	☐	
Day 6	☐	☐	
Day 7	☐	☐	

개인 적용

• 새롭게 깨달은 부분은 무엇인가?

• 일주일 동안 기도와 말씀을 통해 받은 은혜는 무엇인가?

1주 차 셀모임

◇ Welcome(환영)
- 자신의 이름으로 삼행시를 지어 보라.

◇ Worship(찬양)

◇ Word(말씀)
- 당신이 핵심 습관 세우기 훈련에서 기대하는 것은 무엇인가?
- 이 훈련에서 걱정되는 부분이 있다면 무엇인가?

◇ Work(사역)
- SNS에서 단체방을 어떻게 만들지 의논한다.
- 후원자 기도
  - 후원자 간에 어떻게 상호 책임을 질 것인지 의논한다.
  - 이번 훈련을 통해 변화될 서로를 위해 기도한다.
- 함께 기도하기
  - 100일 동안 변화될 서로를 위해 기도한다.
  - 리더 자신을 위해 기도한다.
  - 성령님이 이 모임을 이끌어 가시도록 기도한다.

후원자 과제

- 자신 먼저 큐티와 기도를 매일 하고 단톡방에서 은혜를 나눈다.
- 단톡방에 응원의 댓글을 단다.
- 서로가 큐티와 기도를 매일 하도록 독려한다.
- 2주 차 주제를 서로 읽도록 격려한다.

Day 8-14 ·   **핵심 습관 적응기 1**

공동체란 무엇인가?

기독교의 본질인 공동체가 무엇이며, 그것이 왜 중요한지 리더는 알아야 한다. 목적과 목표를 모르면 아무것도 할 수 없을 뿐만 아니라, 그에 따른 모든 행동은 무의미하기 때문이다. 우선 공동체가 무엇인지 성경을 통해 찾아보자.

삼위일체 하나님

하나님은 성부와 성자, 성령의 세 가지 위격(位格)을 가졌으나 본질은 한 분(삼위일체)이시다. 성자 하나님이신 예수님은 창세전부터 말씀으로 성부와 함께 계셨고, 언제나 성부 하나님과 함께하셨다(요 8:16, 18). 그는 성부와 위격은 구별되지만, 성부 하나님의 본체의 형상이며 영광의 광채(히 1:3)로, 성부 하나님의 뜻에 따라 성육신하여 대속의 은혜를 베푸셨다.

성부 하나님과 성자 예수님의 위격이 구별된 것처럼, 성령 하나님도 위격이 구별된다. 성령 하나님에 대해 예수님은 자신으로부터 보내실 영(靈)은 "아버지께로부터 나오시는 진리의 성령"이라고 하셨고(요 15:26), 그 영을 "아버지께서 내 이름으로 보내실 성령"(요 14:26)이라고 부르심으로써 예수님은 성령과 자신을 구별하셨다. 그리고 그 영을 '또 다른 보혜사'라고 부르셨다(요 14:16).

이렇듯 삼위일체 하나님은 위격으로는 구분되지만 언제나 한 분으로, 서로 섬기고 사랑하셨다. 이러한 삼위일체 하나님을 공동체의 하나님 혹은 코이노니아(Koinonia)의 하나님이라고 한다(요 17:20-23). 이것이 하나님의 본질이요, 속성이다.

삼위일체 하나님과 교회

하나님이 천지를 창조하실 때 성자이신 예수님도 창조 사역에 참여하셨고(요 1:1-3), 성령님도 그 자리에 계셨다 (창 1:2). 천지창조 사역은 삼위일체이신 하나님의 공동 사역이었다. 하나님은 언제나 함께하시고, 하나님의 방식대로 하나님의 나라를 경영하신다(하나님의 공동체가 분리된 것은 예수님이 십자가에 죽으실 때 단 한 번뿐이었다. 눅 23:44 참조).

예수님과 교회

지금까지 유대인을 통해 부분적으로 알았던 하나님과 하나님의 계획을 예수님을 통해 완전히 드러내셨고(히 1:1-3), 하나님 나라의 비밀을 이 땅에 선포하셨다. 훗날 제자들을 통해 예수님이 머리가 되신 교회의 기초를 세우시고(마 16:18), 하나님의 말씀을 가르쳐 지키게 함으로 하나님 나라의 에클레시아(ecclesia)가 되게 하셨다.

성령님과 교회

예수님과 함께하던 제자들이지만 시기와 갈등은 여전했고, 심지어 예수님을 배반하고 도망가기까지 했다. 이들과 3년 동안 함께하셨던 예수님의 공동체 사역이 실패한 것처럼 보이지만 예수님의 사역은 그리스도의 몸, 즉 공동체를 세우는 사역에 한정되었다. 이것은 삼위 하나님의 사역을 알면 쉽게 이해할 수 있다. 공동체에 생기(능력)를 불어넣는 것은 성령의 사역으로 예수님도 성령님에 대해 언급하셨다.

> 그러나 내가 너희에게 실상을 말하노니 내가 떠나가는 것이
> 너희에게 유익이라 내가 떠나가지 아니하면 보혜사가 너희
> 에게로 오시지 아니할 것이요 가면 내가 그를 너희에게로 보
> 내리니 요 16:7

성부 하나님이 흙으로 사람을 만드시고 생기를 불어넣으신 것처럼(창 2:7) 예수님이 떠나신 후에 성령님이 제자 공동체를 성령의 능력으로 온전하게 하셨다. 성부와 성자로부터 오신 성령님은 예수님의 사역(그리스도의 몸)을 온전케 하셨고, 제자들은 비로소 예수님이 가르쳐 주신 말씀을 깨달아 순종하며 살 수 있게 되었다.

> 보혜사 곧 아버지께서 내 이름으로 보내실 성령 그가 너희에
> 게 모든 것을 가르치고 내가 너희에게 말한 모든 것을 생각
> 나게 하리라 요 14:26

그런데 성령님은 자신이 원하는 조건이 아니면 능력을 쉽게 드러내시지 않는다. 예수님이 승천하신 후에 120명의 무리와 제자들이 마가 다락방에서 열흘 동안 기도할 때(행 1:14-15) 성령님이 강림하셨다(행 2:1-13). 120명의 사람들이 좁은 다락방에서 열흘 동안이나 있는 것은 쉬운 일이 아니다. 특히 뜨거운 중동 날씨와 열악한 환경은 최악의 조건이었지만 그들은 불편을 감수하고 서로 한마음으로 기도했고 그때 성령님이 강림하셨다. 성도가 한 몸이 된 것은 예수님이 가르치신 말씀이다.

> 새 계명을 너희에게 주노니 서로 사랑하라 내가 너희를 사랑한 것같이 너희도 서로 사랑하라 너희가 서로 사랑하면 이로써 모든 사람이 너희가 내 제자인 줄 알리라 요 13:34-35

성령님은 예수님이 이 땅에 선포하신 말씀에 능력으로 나타나셔서 그리스도의 몸을 온전하게 하셨다. 이것이 성령님의 사역이다.

하나님과 교회

오순절 강림 이후 교회(당시 그리스도인들)에 큰 변화가 일어났다. 베드로의 설교로 세례를 받은 사람이 3천여 명이나 되었고, 곳곳에서 사람들이 예수님을 영접했다. 사람들은 로마가 무너지고 예루살렘 왕국이 세워질 것이라고 기대했지만, 그런 일은 일어나지 않았다. 오히려 로마의 박해는 더 심해졌고, 많은 성도가 박해를 피해 카타콤으로 숨거나 이국땅으로 떠날 수밖에 없었다. 그들의 희망은 물거품이 되었다. 그러나 교회에 대한 시련과 박해는 복음의 위기가 아니라, 성부 하나님의 또 다른 계획으로 발전되었다.

교회가 기대했던 예루살렘 왕국이 아니라 하나님은 이 땅에 하나님 나라를 세우기로 작정하셨다. 하나님은 박해라는 극단적인 방법으로 그들을 땅끝까지 흩으셨다(마 28:19-20). 하나님은 예루살렘 왕국이 아닌 하나님의 나라를 원하셨다. 훗날 박해를 피해 곳곳으로 흩어진 이들을 통해 바울의 전도여행에 필요한 교두보가 마련된 것을 보면 이는 더욱 분명해진다(행 16:14).

교회는 복음을 가르치고 전도하고 양육을 통해 제자를 세우는 것으로 만족할 것이 아니라, 삼위 하나님의 눈으로 교회의 본질과 목적을 이해해야 한다.

그리스도의 몸된 교회에는 성령님의 임재가 있다. 성령님의 임재가 없는 공동체(교회)는 미성숙한 제자들처럼 말씀을 들으나 감동하지 않고, 오히려 다른 사람을 판단하거나 지식만 자랑하는 바리새인으로 전락할 수 있다. 성령님이 그리스도의 몸을 이끌어 가실 때 교회는 온전해진다.

또한 삼위일체적 교회는 성령 충만함으로 교회(공동체)의 부흥이나 셀 번식과 교회 성장에 만족하지 않고 성부 하나님의 시선이 머무는 곳, 즉 하나님 나라를 세우는 사역(이웃, 사회, 열방 등)에 동참해야 한다. 이것이 바로 하나님이 교회를 세우신 목적이기 때문이다(행 1:8).

이처럼 교회(공동체)는 한 분의 본질과 세 위격을 가진 삼위일체 하나님 위에 세워져야 한다. 성자이신 예수님의 사역만 강조하여 제자훈련, 말씀 중심, 그리스도의 몸에 치우쳐서도 안 되고, 성령 하나님의 능력과 현상만 좇아서도 안 되며, 성부 하나님의 하나님 나라, 즉 가난한 자, 선교, 비전만 강조해서도 안 된다.

이 세 가지 사역(37쪽 '건강한 교회의 모습' 참고)은 삼위의 하나님이 서로 돕고 섬기는 것처럼 항상 사역의 균형을 이루어야 하고, 사역의 덕을 세워야 한다. 교회는 어느 한 가지를 더 강조하거나 덜 강조하지 않고 세 가지 사역이 각각 100% 균형과 일체를 가져야 한다.

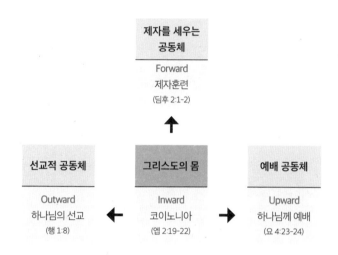

건강한 교회의 모습

에클레시아

교회를 뜻하는 에클레시아는 '밖으로 불러 모으다'라는 뜻으로 세상으로부터 부르심을 받은 예수 그리스도를 주(主)로 고백하는 성도(모임)를 가리키는 말이다. 일반적으로 에클레시아는 교회이지만, 원문의 뜻은 교인 또는 성도에 더 가까운 말이다. 신약에서 에클레시아는 두 번 사용되었지만(엡 1:22-23, 히 2:12), 바울이 처음 사용한 용어는 아니다.

또 만물을 그의 발아래에 복종하게 하시고 그를 만물 위에
교회의 머리로 삼으셨느니라 교회는 그의 몸이니 만물 안에
서 만물을 충만하게 하시는 이의 충만함이니라 엡 1:22-23

이르시되 내가 주의 이름을 내 형제들에게 선포하고 내가 주
를 교회 중에서 찬송하리라 하셨으며 히 2:12

아바러브교회의 에디 레오(Eddy Leo) 목사는 당시 에클
레시아에 대해 이같이 설명한다.

원래 에클레시아는 기원전 400여 년부터 있던 로마의
정치 그룹으로 주로 황제의 보좌를 맡았던 모임(시민회의)
이었다. 이들은 도시를 대표해서 정책을 만들 뿐만 아니
라, 황제의 주요 참모로 왕국의 정책에도 참여하였다.

전쟁이 일어나면 에클레시아에서 아포스톨로스(apostolos,
보냄을 받은 자)를 뽑아 황제의 특사로 전쟁을 수행하도록
했다(신약성경에서 아포스톨로스는 사도(Apostle)나 제자를 말할 때
주로 사용되었다). 전쟁에서 로마가 승리하면, 아포스톨로스
가 식민지에 입성해 군중에게 로마 황제의 복음(Gospel, 기
쁜 소식)을 큰 소리로 외쳤다(당시 복음이라는 말은 정치적 용어
였다).

"로마가 이 땅을 해방시켰다. 우리에게 무릎을 꿇으면

미개한 너희들이라도 구원이 있을 것이다. 로마는 강대국이다. 우리의 황제가 너희들에게 자비를 베풀었도다. 속히 황제에게 복종하라."

이렇게 선포한 후에 아포스톨로스는 군중들을 향해 "팍스로마나*" 즉, "로마의 평화가 이 땅에 임했다"라고 외쳤다. 이렇게 팍스로마나를 이끌던 대표적인 그룹이 바로 에클레시아다. 당시에 에클레시아는 황제로부터 모든 권한을 부여받은 힘의 상징이었다.

예수님은 자신을 따르는 무리에게 세상의 에클레시아가 아닌, 하나님이 이끄시는 에클레시아를 세우겠다고 하셨다. 왕 중에 왕이신 예수님이 말씀하신 에클레시아는 로마의 에클레시아보다 더 강력해서 예수님의 에클레시아 앞에서는 지옥도 견딜 수 없다고 했다.

예수님은 에클레시아를 통해 어둠에 속한 자들을 하늘 아버지의 가족, 성령의 성전으로 해방시키고자 하셨다. 에클레시아는 전적인 하나님의 사랑이다. 에클레시아가 곧 예수 그리스도의 십자가요, 능력이기 때문이다.

우리는 교회(에클레시아)를 건물과 연계되는 공간적 개

---

* 팍스로마나(Pax Romana)는 '로마의 평화'라는 뜻의 라틴어로 로마가 태평성대를 누렸던 기원전 27년에서 180년까지의 기간을 의미한다.

넘을 넘어 예수 그리스도를 통해 세상으로부터 부르심을 받은 사람이라는 언약적 개념으로 이해해야 한다. 그럴 때 이 땅의 에클레시아인 교회는 하나님 나라의 참 능력으로 세상을 밝힐 수 있다.

코이노니아

종교적인 신(神)적 개념을 가진 타 종교와 달리, 기독교는 하나님과 관계에 대해 말한다.

> 하나님이 이르시되 우리의 형상을 따라 우리의 모양대로 우리가 사람을 만들고 그들로 바다의 물고기와 하늘의 새와 가축과 온 땅과 땅에 기는 모든 것을 다스리게 하자 하시고 하나님이 자기 형상 곧 하나님의 형상대로 사람을 창조하시되 남자와 여자를 창조하시고 창 1:26-27

> 야곱아 너를 창조하신 여호와께서 지금 말씀하시느니라 이스라엘아 너를 지으신 이가 말씀하시느니라 너는 두려워하지 말라 내가 너를 구속하였고 내가 너를 지명하여 불렀나니 너는 내 것이라 사 43:1

> 너희가 아들이므로 하나님이 그 아들의 영을 우리 마음 가운

데 보내사 아빠 아버지라 부르게 하셨느니라 갈 4:6

불순종한 죄로 에덴동산에서 쫓겨난 우리에게 먼저 손을 내미시고, 우리를 사랑하셔서 독생자 예수 그리스도를 십자가에 내어 주신 분이 하나님이시다(요일 4:16). 기독교의 핵심은 사랑이다. 사랑은 종교적이기보다 관계적이다. 예수님도 하나님을 사랑하는 것과 이웃을 내 몸같이 사랑하는 것이 우리가 지켜야 할 계명이라고 하셨다(마 22:37-40).

하나님의 형상대로 지음 받은 우리는 하나님의 형상대로 살아야 한다. 이것이 믿음이요 신앙이다. 그런 측면에서 우리 신앙의 출발은 하나님의 공동체(삼위일체)로부터 시작되었다는 말은 당연하다.

예수님이 성부 하나님과 하나임을 강조한 요한복음 17장 21-23절 말씀은 전형적인 삼위일체 하나님의 모습을 드러낸다. 예수님은 삼위일체 하나님처럼 우리가 하나가 되어 하나님의 공동체(성부, 성자, 성령의 공동체) 안에 있기를 원하셨다. 이것이 하나님의 영원하신 계획이며, 하나님의 방식으로 코이노니아하는 것이다. 코이노니아는 '성도의 교통'인 community(공동체)의 어원으로 협동 또는 친교, 구제, 교제의 뜻을 가진 헬라어다.

관계 중심의 코이노니아

초대교회 성도들은 '교제'(행 2:42, 고전 1:9, 갈 2:9), '동정'(롬 15:26), '참여'(고전 10:16, 빌 3:10), '사귐'(고후 6:14), '경륜'(엡 3:9), '나눠 주기'(히 13:16)의 의미로 코이노니아를 사용했다. 이것을 볼 때 코이노니아는 성도들 간의 관계 중심적인 단어임을 알 수 있다.

'우리의 형상대로 인간을 창조하셨다'(창 1:26-27)고 했듯이 인간은 하나님의 코이노니아의 형상대로 지음 받았으며, 하나님의 속성(성품)대로 창조되었다. 그렇기에 인간은 하나님의 코이노니아처럼 공동체 안에 있을 때 가장 피조물답다. 공동체가 배재된 신앙은 유아독존의 위험에 빠질 뿐이다.

공동체의 다양한 용어

성경에 기록된 공동체의 용어는 다양한데, 코이노니아가 일상의 삶(친밀, 구제, 교제, 교통, 관계 등)이라면, 에클레시아는 정치적 단어로 비전적인 의미가 강하고(하나님 나라, 확장, 파송 등), 오이코스는 가족으로서의 인격적 관계이며, 그리스도의 몸은 바울이 주로 표현한 용어로 교회의 유기체적 특징을 잘 드러내고 있다.

이렇게 다양한 공동체 개념은 오늘날 감리교에서는 속

회로, 장로교와 순복음은 구역으로, 그리고 제자훈련이 도입된 교회는 주로 다락방이란 명칭으로 사용되었으며, 2000년대 초부터 셀이라는 용어가 활성화되어 교회별로 목장, 다락방, 사랑방 등으로 불리고 있다.

많은 교회가 새 포도주는 새 부대에 담는다는 신념으로 구역을 셀로 바꾸고 전통교회에서 셀교회로 전환을 시도했지만, 결론적으로 쓰라린 실패를 맛봤다. 구역을 셀로 바꾸고, 구역장을 셀리더라 부르며, 예배를 바꾸면 교회의 역동이 회복될 줄 알았지만, 그것은 단지 옷을 바꿔 입었을 뿐이었다. 옷을 바꿨다고 사람이 바뀌지 않는다는 사실을 몰랐다.

공동체 이름이 바뀌는 게 중요한 것이 아니라, 삼위일체 하나님의 코이노니아가 회복되어야 했다. 시스템이나 양육 커리큘럼이 이러한 본질을 놓친다면 어떤 것도 의미가 없다.

2주 차 핵심 습관 체크

NO	큐티	기도	은혜와 감동
Day 8	☐	☐	--------------------------------
Day 9	☐	☐	--------------------------------
Day 10	☐	☐	--------------------------------
Day 11	☐	☐	--------------------------------
Day 12	☐	☐	--------------------------------
Day 13	☐	☐	--------------------------------
Day 14	☐	☐	--------------------------------

개인 적용

· 새롭게 깨달은 부분은 무엇인가?

· 일주일 동안 기도와 말씀을 통해 받은 은혜는 무엇인가?

2주 차 셀모임

◇ Welcome(환영)
 • 제일 기억에 남는 드라마나 영화를 이야기해 보라.

◇ Worship(찬양)

◇ Word(말씀)
 • 새롭게 발견한 것이 있는가?
 • 이번 주에 어떤 영적 은혜가 있었는가?
 • 건강한 교회는 어떤 모습을 가져야 하는가?('건강한 교회 모습' 그
   림 참고)

◇ Work(사역)
 - 후원자 기도
 • 가장 힘들었던 것을 놓고 기도한다.
 - 함께 기도하기
 • 새로운 영적 습관을 위해 기도한다.
 • 리더 자신을 위해 기도한다.
 • 넘어지지 않도록 서로를 위해 기도한다.
 • 성령님이 이 모임을 이끌어 가시도록 기도한다.

후원자 과제

• 자신 먼저 큐티와 기도를 매일 하고 단톡방에서 은혜를 나눈다.
• 단톡방에 응원의 댓글을 단다.
• 서로가 큐티와 기도를 매일 하도록 독려한다.
• 3주 차 주제를 읽도록 서로 격려한다.

3주 차

Day 15-21   •   **핵심 습관 적응기 2**

왜 초대교회의 공동체 신앙을
잃어버렸는가?

교회에 열심히 참석하거나 헌신적인 사람을 대개 신앙
이 좋다고 말한다. 그러나 이는 교회생활과 신앙생활이
다르다는 것을 이해하지 못한 오해에서 나온 말이다. 성
경은 교회에 열심히 참석하거나 헌신하는 것을 신앙이라
고 하지 않는다.

예수님을 구세주로 고백함으로 우리는 구원을 얻었고

(롬 5:10, 10:9), 하나님의 자녀가 되었다(요 1:12). 이것은 불변의 진리인 하나님의 축복이다. 바울은 구원과 함께 그리스도 안에서 한 몸의 지체가 된 것(롬 12:5, 고전 12:27)에 언제나 감사하라고 했다(골 3:15). 구원을 받은 자가 그리스도의 몸의 지체가 되는 것은 따로 분리된 것이 아니라, 통합된 개념이다. 구원을 이룬 뒤 일정 기간이나 영적 성숙에 따라 단계적으로 그리스도의 몸의 지체가 되는 게 아니라, 구원과 함께 즉각적으로 그리스도 안에서 한 몸의 지체가 된다.

안타깝게도 구원과 달리 그리스도의 몸(공동체)의 지체는 선택사항으로 여기는 왜곡된 신앙관을 가진 사람이 많다. 그러나 교회에 출석하고 열심히 봉사하는 것이 신앙이 아니라, 그리스도의 몸이 된 성도가 다른 지체와 더불어 몸으로 사는 것이 참신앙이다.

유대인과 헬라인 간의 신앙 차이

야훼 하나님은 유대인에게 역사이자 이 땅을 다스리는 신이시요, 왕 중의 왕이시다. 그들의 절기나 모든 일상은 야훼 하나님과 관련이 있다. 이에 비해, 헬라인은 야훼 하나님을 인간의 희로애락을 똑같이 느끼며 이성적 사고를 하는 여러 신 중 하나로 여겼다.

이런 헬라인에게 바울은 로마서에서 하나님의 사랑과 예수 그리스도의 십자가 은혜를 그들의 철학적 사고로 접근해 설명하고 논쟁했다. 바울의 이 같은 노력은 물과 기름과 같은 헤브라이즘(유대인의 문화체제)과 헬레니즘(헬라인의 문화체제)의 이질감을 극복하는 방법 중 하나였다.

유대인은 하나님의 말씀대로 살고자(직감, 직통, 수직적 개념) 했다면, 헬라인은 이성을 근거로 하나님을 설명하고 이해하고자 했다. 그런 헬라인들에게 바울은 하나님을 '아는 것 그리고 그렇게 사는 것'이 신앙임을 강조했다. 이것은 훗날 헬레니즘을 기초로 교회의 신학이 발전되고 교회를 굳건하게 정립하는 주춧돌이 되었다. 그러나 이러한 신학의 발전에도 불구하고 교회는 '아는 것'에 머물러 '그렇게 사는 것'에는 미치지 못하는 경향이 있다.

성경적인 신앙생활은 성경 말씀을 '아는 것'에서 출발하여 그렇게 '사는 것'이 되어야 한다. 만일 아는 것에 머문다면, 성경은 판단하고 정죄하는 데 이용될 뿐이다. 성도에게 올바른 신앙은 성경 말씀에 따라 그리스도의 몸의 지체로 섬기고, 십자가의 삶을 사는 때까지 성화를 이루는 것이다.

초대교회에서 공동체란

물 부족 국가에 살던 사람이 미국 여행 중에 묵었던 호텔 수도꼭지에서 물이 한없이 쏟아지는 것을 보고 몰래 수도꼭지를 뜯어 자기 고향으로 가져갔다고 한다. 그는 흥분된 마음을 추스르고 동네 사람들에게 "이제 더 이상 물 걱정하지 않아도 됩니다. 우리 동네의 물을 내가 다 해결하겠습니다" 하며 수도꼭지를 돌렸는데 아무것도 나오지 않았다.

물론 이것은 우스개로 하는 말이다. 그런데 이 바보 같은 상황이 교회에서 일어났다. 정체된 교회 분위기를 전환하기 위해 조직을 셀로 개편하고, 구역장을 셀리더로 바꾸고, 새로운 시스템을 도입했지만 교회는 전혀 변하지 않았다. $(N \times N) - N = CL^*$이라는 '의사소통 라인'이 요구하는 인원(6~12명)으로 조직을 편성하고, 모임도 4W(Welcome, Worship, Word, Work)로 바꾸면 소그룹의 역동이 일어날 줄 알았다. 하지만 그것은 수도꼭지만 있으면 물이 나올 것이라고 생각하는 것과 같았다.

---

*　　(NxN)-N=CL은 소통에 관한 공식이다. N은 인원 수(Number), CL은 소통 라인(Communication Line)을 뜻한다. 예를 들어 2명과 의사소통을 하면 2개의 소통 라인[(2x2)-2=2]이 생기고, 6명이 있으면 30개[(6x6)-6=30]의 라인이 발생된다는 의미다.

수도꼭지가 아니라 물의 근원지인 정수장이 있어야 하듯, 소그룹 자체가 아니라 그리스도의 한 몸 됨을 이룰 때 능력이 나온다. 즉 눈에 보이는 수도꼭지(소그룹)가 아니라, 하나님의 뜻대로 사는 공동체의 삶이 있어야 하는 것이다.

신약성경에는 '서로, 피차, 더불어, 함께'라는 단어가 많이 나오는데, 이 단어의 특징은 자기 자신에게 사용되는 단어가 아니라, 반드시 상대방이 필요한 단어다.

서로 사랑하고(요 15:12)

서로 교제하며(행 2:42)

서로 앞장서서 존경하고(롬 12:10)

서로 합심하고(롬 12:16)

서로 받아들이고(롬 15:7)

서로 충고하고(롬 15:14)

서로 거룩한 입맞춤으로 인사하고(롬 16:16)

서로 기다리고(고전 11:33)

서로를 위하여 같이 걱정해 주고(고전 12:25)

서로 사랑으로 종노릇하며(갈 5:13)

서로 남의 짐을 져 주고(갈 6:2)

서로 위로하고(살전 5:11)

서로 덕을 세우고(살전 5:11)

서로 화목하게 지내고(살전 5:13)

서로 선을 행하고(살전 5:15)

서로 사랑으로 참아 주고(엡 4:2)

서로 친절하고 자비로운 사람이 되고(엡 4:32)

서로 순종하고(엡 5:21)

서로 용서하고(골 3:13)

서로 돌아보아 사랑과 선행을 격려하고(히 10:24)

서로 나누어 주고(히 13:16)

서로 죄를 고백하고(약 5:16)

서로를 위해 기도하고(약 5:16)

서로 진심으로 다정하게 사랑하고(벧전 1:22)

서로 대접하고(벧전 4:9)

서로 겸손하게 대하고(벧전 5:5)

서로 친교를 나누고(요일 1:7)

누가 누구에게 불만이 있거든 서로 용납하여 피차 용서하되
주께서 너희를 용서하신 것같이 너희도 그리하고 골 3:13

그리스도의 말씀이 너희 속에 풍성히 거하여 모든 지혜로 피
차 가르치며 권면하고 시와 찬송과 신령한 노래를 부르며 감

사하는 마음으로 하나님을 찬양하고 골 3:16

그러므로 피차 권면하고 서로 덕을 세우기를 너희가 하는 것 같이 하라 살전 5:11

즐거워하는 자들과 함께 즐거워하고 우는 자들과 함께 울라 롬 12:15

만일 한 지체가 고통을 받으면 모든 지체가 함께 고통을 받고 한 지체가 영광을 얻으면 모든 지체가 함께 즐거워하느니라 고전 12:26

능히 모든 성도와 함께 지식에 넘치는 그리스도의 사랑을 알고 엡 3:18

그런즉 거짓을 버리고 각각 그 이웃과 더불어 참된 것을 말하라 이는 우리가 서로 지체가 됨이라 엡 4:25

모든 사람과 더불어 화평함과 거룩함을 따르라 이것이 없이는 아무도 주를 보지 못하리라 히 12:14

이 단어의 쓰임새를 보면 당시 성도들은 그리스도의 한 몸으로서 어떻게 신앙생활을 했는지 잘 알 수 있다.

공동체를 잃어버린 신앙

작지만 강했던 초대교회는 313년 콘스탄티누스 황제에 의해 공인되면서 오히려 퇴보하게 된다. 로마의 박해를 피해 카타콤에 숨어 있을 때는 그리스도의 몸으로서 서로 섬기고, 함께 짐을 지던 성도들이 교회가 공인되면서 로마 문화를 기초로 공의회, 예배 형식, 음악 등과 같은 외형적인 발전은 있었지만, 그리스도의 몸의 영향력은 희미해졌다. 더 이상 그리스도의 몸으로서 '서로, 피차, 더불어, 함께' 나누는 공동체가 아니라, 교리와 조직, 예배 중심, 개인주의 신앙의 구조로 바뀌게 되었다. 물론 구원과 하나님의 절대적 신앙은 변하지 않았지만, 그리스도의 몸으로서 공동체 기능은 약해졌다. 공동체성이 떨어진 신앙은 세상에 대한 영향력을 잃고, 초대교회의 성도와 괴리감을 느낄 만큼 약화된 채 지금까지 이어져 왔다.

이것은 공동체(코이노니아)를 해체시키려는 사탄의 계략이다. 예수님의 십자가 죽으심에 충격을 받은 사탄은 '나만 아니면 돼' 식의 이기적인 신앙을 부추겨 그리스도의 몸으로서 섬김과 희생, 그리스도의 사랑을 배제시켰다.

그리고 개인 구원이라는 프레임에 가둠으로써 예수님이 마태복음 22장 37-40절에서 강조하신 두 번째 계명을 무색하게 만들어 버렸다.

> 예수께서 이르시되 네 마음을 다하고 목숨을 다하고 뜻을 다하여 주 너의 하나님을 사랑하라 하셨으니 이것이 크고 첫째 되는 계명이요 둘째도 그와 같으니 네 이웃을 네 자신같이 사랑하라 하셨으니 이 두 계명이 온 율법과 선지자의 강령이니라 마 22:37-40

예수님은 우리가 지켜야 할 가장 큰 계명이 하나님을 사랑하고 이웃을 나 자신같이 사랑하는 것이라고 하셨다. 특히 39절에서 '둘째도 그와 같다'는 말은 두 번째 계명이 첫 번째 계명과 같다는 의미다. 다시 말해, 이웃을 나 자신같이 사랑하는 것이 하나님을 사랑하는 것과 같다는 의미다. 만일 하나님을 사랑한다면서 이웃을 사랑하지 않는다면 하나님의 계명을 온전히 지키지 못한 것과 같다.

> 누구든지 하나님을 사랑하노라 하고 그 형제를 미워하면 이는 거짓말하는 자니 보는 바 그 형제를 사랑하지 아니하는 자는 보지 못하는 바 하나님을 사랑할 수 없느니라 우리가

이 계명을 주께 받았나니 하나님을 사랑하는 자는 또한 그
형제를 사랑할지니라 요일 4:20-21

그런데도 우리는 두 번째 계명에는 민감하지 않다. 첫
번째 계명을 지키기 위해 순교도 마다하지 않지만, 내 이
웃에 대해서는 무관심한 게 현실이다. 이런 반쪽짜리 신
앙을 요한은 거짓된 신앙이라고 했다. 마치 요한이 오늘
날 우리에게 "거짓말하지 말라"고 경고하는 것 같다.

사탄은 하나님의 언약을 왜곡시킨 것이 아니라, 공동
체를 흔들어 성도의 영향력을 차단했던 것이다. 비신자들
은 이제 '서로, 피차, 더불어, 함께' 짐을 지는 그리스도인
대신에 자신들처럼 이기적이고, 교만하고, 베풀지 않고,
자신의 구원과 축복만을 구하는 그런 그리스도인을 볼
뿐이었다.

인도의 초대 수상 간디는 예수님은 믿었지만 끝까지
기독교인은 되지 않았다고 한다. 영국 유학 시절, 선교사
이자 친구였던 앤드루스에게서 전도를 받고 교회에 갔
지만, 교회 입구에서 유색인이라는 이유로 쫓겨난 후부
터 간디는 더 이상 교회에 가지 않았다. "하나님은 오케이
(ok), 그러나 교회는 노(no)." 이것이 공동체(두 번째 계명)를
잃어버린 오늘날 교회의 부끄러운 모습이다.

3주 차 핵심 습관 체크

NO	큐티	기도	은혜와 감동
Day 15	☐	☐	
Day 16	☐	☐	
Day 17	☐	☐	
Day 18	☐	☐	
Day 19	☐	☐	
Day 20	☐	☐	
Day 21	☐	☐	

개인 적용

• 새롭게 깨달은 부분은 무엇인가?

• 일주일 동안 기도와 말씀을 통해 받은 은혜는 무엇인가?

3주 차 셀모임

◇ Welcome(환영)
- 사계절 중에 제일 좋아하는 계절은 무엇인가?

◇ Worship(찬양)

◇ Word(말씀)
- 새롭게 발견한 것이 있는가?
- 이번 주에 어떤 영적 은혜가 있었는가?
- 신앙생활이란 무엇이라고 생각하는가?

◇ Work(사역)
- 후원자 기도
- 서로 힘들었던 것을 위해 기도한다.
- 함께 기도하기
- 오늘 깨달은 내용이 지식에만 머물지 않고 내 신앙의 중심이 되도록 기도한다.
- 새로운 영적 습관을 위해 기도한다.
- 리더 자신을 위해 기도한다.
- 넘어지지 않도록 서로를 위해 기도한다.
- 성령님이 이 모임을 이끌어 가시도록 기도한다.

후원자 과제

- 먼저 큐티와 기도를 매일 하고 단톡방에서 은혜를 나눈다.
- 단톡방에 응원의 댓글을 단다.
- 서로가 큐티와 기도를 매일 하도록 독려한다.
- 4주 차 주제를 읽도록 서로 격려한다..

4주 차

Day 22-28 · **핵심 습관 적응기 3**

그리스도의 몸을 이해하고 세우라

바울 서신에는 유독 '그리스도의 몸'이 많이 언급되는데 이것은 고린도교회뿐만 아니라 바울 신학 전체를 이끌어 가는 기둥과도 같다. "이와 같이 우리 많은 사람이 그리스도 안에서 한 몸이 되어 서로 지체가 되었느니라"(롬 12:5), "이는 성도를 온전하게 하여 봉사의 일을 하게 하며 그리스도의 몸을 세우려 하심이라"(엡 4:12)고 했듯이, 그리스도의 몸은 신앙을 이해하는 데 중요한 핵심이다.

그리스도의 몸(고전 12:27)을 이해하지 않고 예수 그리스도를 통한 하나님과의 관계(엡 2:16), 다른 지체와의 하나 됨(엡 2:21), 그리고 하나님의 영원하신 목적(엡 3:9)을 이해하기는 어렵다.

랄프 네이버(Ralph Neighbour) 목사는 《그리스도의 몸》에서 "성경에 근거한 그리스도의 몸은 성령으로 하나 되어 그리스도 공동체의 구성원으로 살아가는 신자들의 소모임이다. 그러므로 우리는 그리스도의 몸이라는 단어를 천상의 교회를 구성하는 가장 기본적인 요소로 이해해야 한다"고 했다. 그리스도의 몸은 세상에서 통용되는 그런 일반적인 개념이 아니라, 오직 하나님의 자녀에게만 허락된 천상의 개념으로서 우리의 신분인 동시에 예수 그리스도로 얻게 된 우리의 법적 근거다. 바울은 우리가 성령으로 말미암아 그리스도의 몸이 되었다고 한다. 그렇기 때문에 그 누구도 우리의 관계를 훼손할 수 없다.

몸은 하나인데 많은 지체가 있고 몸의 지체가 많으나 한 몸임과 같이 그리스도도 그러하니라 우리가 유대인이나 헬라인이나 종이나 자유인이나 다 한 성령으로 세례를 받아 한

몸이 되었고 또 다 한 성령을 마시게 하셨느니라 고전 12:12-13

몸에는 물건을 집을 수 있는 다섯 개의 손가락과 손가락을 연결하는 손바닥이 있다. 손바닥은 손목을 통해 팔과 연결되고, 팔은 어깨를 통해 몸과 연결된다. 이 비유에서 손가락은 김 집사이고, 손바닥은 박 집사 그리고 손목은 최 권사, 팔은 이 권사, 어깨는 손 집사다. 아무리 손가락이 능력이 있어도 손바닥 없이 불가능하고, 손바닥도 손목이 없으면 의미가 없다. 손목은 팔이 없으면 제 기능을 못하고, 팔은 어깨를 통해 몸에 붙어 있지 않으면 소용이 없다. 이것이 교회 안에 있는 그리스도의 몸의 모습이다.

바울은 신체가 서로 연결되어 몸의 기능을 하는 것처럼 성도는 상호 연결된 공동체라고 말한다. 그래서 바울은 "만일 한 지체가 고통을 받으면 모든 지체가 함께 고통을 받고 한 지체가 영광을 얻으면 모든 지체가 함께 즐거워하느니라 너희는 그리스도의 몸이요 지체의 각 부분이라"(고전 12:26-27)고 했다.

신앙은 혼자 성경을 통해 하나님을 알아 가는 게 아니다. 교회의 문제를 제기하며 공동체를 부정하는 사람도 있지만, 연약하고 부족하더라도 교회는 머리이신 예수 그리스도의 핏값으로 세우신 하나님의 처소다. 여전히 세상

의 오해와 성도의 부족함의 문제를 안고 있지만, 그럼에
도 교회의 본질은 하나님의 형상으로부터 시작되었다는
사실을 부정하거나 외면하는 것은 사탄이 파 놓은 늪에
빠져서 허우적거리는 것과 같다.

머리와 몸의 관계

그는 몸인 교회의 머리시라 그가 근본이시요 죽은 자들 가운
데서 먼저 나신 이시니 이는 친히 만물의 으뜸이 되려 하심
이요 골 1:18

또 만물을 그의 발아래에 복종하게 하시고 그를 만물 위에
교회의 머리로 삼으셨느니라 엡 1:22

그리스도의 몸의 주인은 머리이신 예수 그리스도다.
몸은 머리를 통해 작동된다. 몸이 머리와 단절되거나 신
경체계가 무너지면 몸은 더 이상 작동하지 않는다.
　예전에 〈스펀지〉라는 TV 프로그램 중에 일상의 현상
을 과학적으로 증명하는 코너(예능과 과학을 겸한 코너)가 있
었다. 한번은 '인체의 비밀'을 증명하기 위해 하루 정도
굶은 실험맨에게 음식을 섭취하도록 하고 투시 화면으로

그 장면을 촬영했다. 실제로 실험맨이 먹은 음식물이 식도를 통해 위에 쌓이는 모습이 그대로 촬영되었다. 실험맨이 포만감을 느낄 때 즈음 실험맨의 위는 가득 차 보였다. 실험맨도 더 이상 음식을 먹을 수 없다고 손사래를 치자 그때부터 실험이 시작되었다.

실험맨이 평소에 좋아하는 음식을 보여 주자 더 이상 먹을 수 없을 정도로 꽉 찼던 위가 갑자기 조금씩 흔들리더니 작은 공간을 만들어 음식이 들어갈 공간이 생긴 것이다. 더 이상 공간이 없어 보였던 위가 음식물을 섭취할 수 있도록 확장한 것이다. 이는 우리가 과식할 때 일어나는 현상이다.

눈이 먹음직한 음식에 대한 정보를 뇌에 보내면 뇌는 신경계를 통해 위에게 신호를 보내 위를 부풀리게 한다. 이게 정상인의 신체다.

만일 뇌에 문제가 생기거나 신경계통에 문제가 생기면 위는 더 이상 정상적인 기능을 할 수가 없다. 뇌사상태가 그런 현상이다. 뇌에 문제가 생기면 겉보기엔 정상적인 몸이라도 더 이상 활동할 수 없는 몸이 된다.

머리이신 예수 그리스도와 우리의 관계도 이와 같다. 몸은 머리에서 보내는 온갖 지시를 자각하고 행동하기 때문에 머리와 몸은 떼려야 뗄 수 없다. 머리의 지시를 받지 않고 몸은 아무것도 할 수 없다. 하지만 현실은 그렇지 않다. 많은 성도(그리스도의 몸)들이 머리(예수 그리스도)의 지시와 상관없이 예수 그리스도(머리)의 명령을 받지 않는 그리스도인으로 산다. 이것은 사탄이 원하는 것이다. 사탄은 성도가 머리 되신 예수 그리스도와 단절되어 더 이상 몸된 공동체를 찾지 않기를 원한다. 그래서 바울은 성도들의 분열은 그리스도의 십자가를 헛되게 한다고 했다 (고전 1:10-17). 뿐만 아니라 혼자 신앙생활 하는 것은 사탄의 먹잇감이 될 뿐이다.

비록 십자가를 붙들었지만, 공동체와 별개로 신앙관을 갖고 있다면, 그는 교만, 이기심, 핑계, 원망, 몸된 지체에 대한 무관심, 능력과 부에 대한 욕망, 쾌락(갈 5:19-21), 고집, 자기 의에 빠지게 된다. 그럴 때 몸을 위험에 빠뜨릴 뿐만 아니라, 몸의 신음소리조차 외면하게 된다. 이것이 머리 되신 예수 그리스도와 분리된 성도의 모습이다.

오늘날 많은 성도들이 그리스도의 향기를 내지 못하는 이유가 여기에 있다. 우리의 신념이나 행동을 지휘하는 통제실이 없는 몸은 제대로 움직일 수 없다.

그리스도의 몸을 세움

'몸을 세운다' '덕을 세운다'의 원어인 오이코도메오 (oikodomeo)는 집, 가정, 권속의 뜻을 가진 오이코스(oikos)에서 파생된 헬라어로 초대교회 시대에 그리스도의 몸된 공동체(오이코스)를 표현하는 대표적인 단어다.

그렇다면 성도들은 무엇으로 그리스도의 몸을 세우는가? 그리스도의 몸을 세우는 방법은 여러 가지가 있지만 대표적인 것이 은사(카리스마, karisma)다. 카리스마는 '기쁨' 혹은 '즐거움'으로 '이웃과 더불어 온전케 되는 것'이라는 뜻을 가진 카라(kara)에서 파생된 것으로 보아 은사는 성도들이 이웃과 기쁘게 살도록 주신 하나님의 선물이라 할 수 있다. 예수님의 형제 야고보도 "온갖 좋은 은사와 온전한 선물이 다 위로부터 빛들의 아버지께로부터 내려오나니 그는 변함도 없으시고 회전하는 그림자도 없으시니라"(약 1:17)고 하여 은사가 하나님의 전적인 은혜의 선물이라고 증언했다.

특히 에베소서 4장 11-16절은 헌신 예배 때 많이 언급되는 말씀이지만, 이 말씀의 핵심은 헌신보다 성도의 온전함에 있다. '온전하다'의 헬라어는 카타르티스몬으로 외과 의학에서 부러진 뼈를 맞추거나 찢어진 그물을 수리할 때(마 4:21) 쓰는 단어로 연약한 지체를 건강하고 온전하게 한다는 의미가 있다. 여기서 온전함의 주체는 목회자가 아니라, 그리스도의 몸 안에 있는 모든 지체다. 지체가 하나님이 주신 은사를 통해 온전하게 되는 것은 교회 봉사(찬양대, 교사, 식당봉사, 차량봉사 등)를 넘어 그리스도의 몸으로서 사는 것을 말한다.

은사는 주신 분의 뜻대로 사용되지 않으면 교만의 무덤을 파는 원인이 된다. 미국의 교회성장연구소에 의하면, 지금까지 성경 인물과 교회 지도자를 통틀어 끝을 잘 맺은 지도자는 60%에 지나지 않는다고 한다. 이유가 뭘까? 하나님이 부르신 목적을 잃어버렸기 때문이다. 사명의 초심을 잃으면 목적지를 상실한다. 사울왕은 이스라엘의 첫 번째 왕이었지만, 하나님을 떠난 자로 끝났다. 많은 이단자들이 하나님이 주신 은사를 잘못 사용하여 교만의 늪에 빠졌다.

은사는 공동체의 덕을 세우고, 하나님 나라를 세우기 위해 하나님이 주신 것이다. 그럼에도 그것을 자신의 유익과 과시를 위해 사용할 때 그 교만으로 자멸하게 된다.

그리스도의 몸은 누구에 의해 세워지는가

우리 가운데 머리이신 예수님이 나(우리)를 사용해서 지체를 온전하게 하신다. 그렇게 공동체 안에 있는 모든 지체가 그리스도께 쓰임을 받는다. 일반적으로 영적 아비가 된 리더를 통해 쓰임을 받는 경우가 많지만, 연약한 지체를 통해서도 하나님은 공동체의 덕을 세우신다(고전 12:22-25).

어떻게 그리스도의 몸을 세우는가

> 각 사람에게 성령을 나타내심은 유익하게 하려 하심이라
> 고전 12:7

성령님이 그리스도의 몸을 세우게 하신다. 성령님이 지체가 서로를 돌볼 수 있도록 지혜를 주시고, 환경을 마련하신다. 특히 셀에서 연약한 지체를 세울 때 성령님은 지체의 고백을 통해 서로의 모습을 보여 주시고, 각자에게 주신 은사로 몸을 세우는 사역을 하게 하신다. 성령님은 언제나 머리이신 예수님이 계신 곳에 은혜의 단비를 내리신다.

왜 몸을 세우는 사역이 필요한가

첫째, 그리스도의 몸된 성도가 서로의 몸을 세워 하나님의 영광을 비신자들에게 보여 줌으로써 하나님이 만왕의 왕이심

을 알게 하신다(고전 14:24-25). 하나님을 모르는 비신자들이 성도들이 서로의 짐을 지고, 책임을 다하는 성숙한 모습에서 살아 계신 하나님의 영광을 보게 된다(고전 10:31).

둘째, 그리스도의 몸을 세움으로써 하나님의 형상(코이노니아) **이 우리 안에서 회복되기를 원하신다**(요 17:21, 24). 우리는 에덴동산에서 쫓겨나기 전에 하나님의 형상대로 지음을 받은 하나님의 완벽한 창조물이었다. 하나님의 코이노니아 회복은 불순종 이전의 모습으로 회복됨을 의미한다. 삼위일체 하나님이 서로를 섬기고 서로 위하듯이, 그리스도의 몸된 성도가 한 몸을 이루며 서로 세울 때 깨어진 하나님의 코이노니아가 회복된다.

셋째, 서로의 유익을 위함에 있다. 지체들이 각자의 은사로 연약한 지체를 섬길 때 영적 성숙함이 풍성해지므로 그리스도의 몸된 공동체가 더욱 풍성해진다.

세상에서 그리스도의 몸을 세움

우리 각 사람이 이웃을 기쁘게 하되 선을 이루고 덕을 세우도록 할지니라 롬 15:2

우리는 지체와 더불어 그리스도의 몸을 세울 뿐만 아

니라, 각자의 영역에서 그리스도의 몸을 세우는 사역을 해야 한다. 공동체는 좁은 의미에서 성도들이지만, 넓은 의미에서는 하나님께 창조된 모든 피조물이다. 우리는 세상 속에서 홀로 빛나는 것이 아니라, 세상 사람들과 더불어 빛을 낼 때 하나님의 영광의 빛이 더욱 선명하게 드러날 것이다.

성도에게 세상은 영적 전쟁터가 아니라, 섬겨야 할 땅이다. 안 믿는 사람들은 왜곡된 진리를 숭배하며 바알의 목적대로 조정당하고 있지만, 예수님은 그들에게도 은혜를 베푸신다.

오이코노모스

오이코노모스(oikonomos)는 오이코도메오와 함께 오이코스(oikos)에서 파생된 대표적인 단어로 오이코스에 법을 의미하는 노모스(nomos)가 결합되어 '분배하다' '관리하다'라는 뜻을 가진 '청지기'를 의미한다.

오이코노모스가 오이코도메오와 함께 사용될 때는 온전한 공동체의 모습을 드러낼 때다. 성도들이 오이코도메오로 그리스도의 몸을 세우면 오이코노모스는 책임을 진다. 그래서 건강한 오이코스(공동체)는 언제나 오이코도메오와 함께 오이코노모스가 풍성하다.

교회가 그리스도의 몸을 세우는 사역은 알지만, 오이코노모스를 강조하지 않는 경향이 있다. 그만큼 오이코노모스가 쉽지 않기 때문이다.

> 믿는 무리가 한마음과 한 뜻이 되어 모든 물건을 서로 통용하고 자기 재물을 조금이라도 자기 것이라 하는 이가 하나도 없더라 사도들이 큰 권능으로 주 예수의 부활을 증언하니 무리가 큰 은혜를 받아 그 중에 가난한 사람이 없으니 이는 밭과 집 있는 자는 팔아 그 판 것의 값을 가져다가 사도들의 발 앞에 두매 그들이 각 사람의 필요를 따라 나누어 줌이라
>
> 행 4:32-35

초대교회는 성자 하나님인 예수 그리스도의 몸에 성령 하나님이 임재함으로 삼위일체 하나님이 회복된 공동체였다. 이것은 하나님의 창조적 목적과 흠이 없는 하나님의 형상이 성도들에게 일어난 사건이다. 아담의 불순종 이후로 일찍이 없었던 일이 성령님의 임재하심으로 완전한 코이노니아가 회복되었다. 이로써 성도들은 하나님의 방법, 하나님의 모습대로 살게 되는데, 이것이 전형적인 오이코도메오와 오이코노모스가 풍성한 공동체의 모습이다.

각각 은사를 받은 대로 하나님의 여러 가지 은혜를 맡은 선
한 청지기같이 서로 봉사하라 벧전 4:10

성령님은 그리스도의 몸된 지체가 함께 짐을 짐으로써
영적 아이가 영적 청년, 영적 아비가 되도록 도우신다. 그
성령님의 뜻대로 공동체는 순종해야 한다. 그런데 왜 오
이코노모스가 우리 공동체에서는 잘 보이지 않을까?

자기 물건을 팔아 필요한 자에게 나누어 주는 충성과
희생이 있어야 하기 때문이다. 즉 수고와 희생을 요구하
는 것이 오이코노모스다. 그래서 성도들이 애써 피하려고
만 한다(그러나 이것이야말로 자신의 십자가를 지는 순종이다).

오이코노모스가 없는 공동체는 성령님이 이끄시는 공
동체가 아니다. 하나님은 우리에게 지체의 아픔을 책임지
도록 하셨는데, 우리는 아벨을 찾는 하나님에게 "내가 내
아우를 지키는 자니이까"라고 말한 가인처럼, 아내 사라
를 책임지지 않은 아브라함처럼, 지체의 필요를 외면하곤
한다. 그런 사람은 머리인 예수 그리스도가 이끄시는 그
리스도의 몸이 될 수가 없다.

그리스도의 몸은
오직 하나님의 자녀에게만 허락된
천상의 개념으로, 우리의 신분인 동시에
예수님으로 얻게 된 우리의 법적 근거다.

4주 차 핵심 습관 체크

NO	큐티	기도	은혜와 감동
Day 22	☐	☐	-----------------------------------
Day 23	☐	☐	-----------------------------------
Day 24	☐	☐	-----------------------------------
Day 25	☐	☐	-----------------------------------
Day 26	☐	☐	-----------------------------------
Day 27	☐	☐	-----------------------------------
Day 28	☐	☐	-----------------------------------

개인 적용

• 새롭게 깨달은 부분은 무엇인가?

• 일주일 동안 기도와 말씀을 통해 받은 은혜는 무엇인가?

4주 차 셀모임

◇ Welcome(환영)
- 나의 신체 중에 제일 잘생긴 부분은 어디인가?

◇ Worship(찬양)

◇ Word(말씀)
- 새롭게 발견한 것이 있는가?
- 하나님을 경험한 지난 4주간에 일어난 영적 변화에 대해 이야기해 보라.
- 기억에 남는 그리스도의 몸을 세운 사역에 대해 나누어 보라.

◇ Work(사역)
- 후원자 기도
- 흔들리지 않고 새로운 영적 습관을 만들 수 있도록 기도한다.
- 함께 기도하기
- 오늘 깨달은 대로 다른 성도의 본이 되도록 기도한다.
- 새로운 영적 습관을 위해 기도한다.
- 리더 자신을 위해 기도한다.
- 넘어지지 않도록 서로를 위해 기도한다.
- 성령님이 이 모임을 이끌어 가시도록 기도한다.

후원자 과제

- 먼저 큐티와 기도를 매일 하고 단톡방에서 은혜를 나눈다.
- 단톡방에 응원의 댓글을 단다.
- 실패에 대한 두려움이 생길 수 있다. 후원자 간에 진솔한 나눔이 필요한 때다.
- 새로운 핵심 습관 만들기 1개월이 되면서 과제에 대한 부담감이 있을 수 있다. 서로 격려가 필요하다.
- 5주 차 주제를 읽도록 서로 격려한다.

핵심 습관의 걸림돌 제거하기

Day 29-35 ·　　　　　핵심 습관 성장기 1

포용하는 리더십

"다른 사람은 몰라도 김 집사랑 같은 셀이 되지 않게 해주세요."

마음이 맞지 않거나 환경이 다른 사람이랑 같은 셀에 편성하면 셀에 참여하지 않겠다는 말을 들을 때 목회자는 당황스러울 수밖에 없다. 하지만 2세기의 기독교 변증학자 아리스티데스(Aristeides)가 로마 황제 하드리아누

스(Hadrianus)에게 보낸 편지를 보면 당시 성도들의 모습이 어떠했는지 알 수 있다.

"그리스도인들은 서로 사랑합니다. 그들은 과부를 도와주며, 괴롭히는 사람들로부터 고아들을 보호합니다. 자기 소유물을 없는 사람들에게 거저 줍니다. 낯선 사람을 보면 집으로 데려가고, 마치 친형제인 것처럼 즐거워합니다. 그들은 다른 사람과의 관계를 평범한 의미의 형제가 아닌, 하나님 안에서 성령을 통해 맺어진 형제로 생각합니다."

아리스티데스의 고백처럼 초대교회가 인정받고 존경받았던 것은 그리스도 안에서 한 몸으로 살았기 때문이다. 바울은 이런 교회와 성도를 "몸이 하나요 성령도 한 분이시니 이와 같이 너희가 부르심의 한 소망 안에서 부르심을 받았느니라 주도 한 분이시요 믿음도 하나요 세례도 하나요 하나님도 한 분이시니 곧 만유의 아버지시라 만유 위에 계시고 만유를 통일하시고 만유 가운데 계시도다"(엡 4:4-6)고 했다. 이것이 교회요, 하나 된 성도의 참 모습이다.

"어휴, 그런 말 하지 마세요. 우리는 한 동네에서 30년이나 살았는데, 저 집에 숟가락이 몇 개인지, 밥그릇이 몇 개인지, 아들이 뭐 하는지 다 아는데요 뭘."

역사가 오래된 교회일수록 교인들은 서로가 잘 안다고 말한다. 그러나 실제로는 그렇지 않다. 그냥 자신의 틀(선입관, 과거의 사건이나 경험 등)로 상대방을 판단하고, 적당한 관계를 유지할 뿐이다. 어떤 사람은 교회에서 성도 간의 관계를 들먹이는 것을 불편하게 생각한다.

"뭐 다 지나간 일인데 들출 필요가 있나요? 그냥 덮고 가는 거죠."

"사랑은 오래 참는 것이라잖아요. 그래서 참고 사는 겁니다."

참는 것이 교인 간의 미덕이고 말씀에 순종하는 것이라 말하지만, 사실은 참은 것이 아니라 덮어 둔 것일 뿐이다. 덮어 둔 것은 회피다. 그 감정의 골은 어떤 계기를 만나면 핵폭탄처럼 터지게 된다.

"내가 얼마나 참았는지 아세요? 이제는 도저히 못 참겠어요."

많은 사람이 유보한 것일 뿐인데 참은 것으로 착각한다. 참는 것은 똑같은 상황이 와도 기억하지 않는 것이다. 상처는 덮는 것으로 해결되지 않는다. 풍선처럼 한 곳을 누르면 다른 곳이 부풀듯이 어딘가에서 곪고 있다. 사탄은 이런 왜곡된 감정의 빈틈을 공략한다.

관계를 위한 관계의 한계

"우리 교회는 셀을 하기 때문에 성도 간의 관계를 중요하게 생각해요"라는 말을 들을 때마다 씁쓸한 생각이 든다. 셀교회가 관계를 중요하게 여기는 프로그램이라고 오해하기 때문이다.

성도의 하나 됨은 올바른 관계로 시작하지만, 그리스도의 몸보다 관계를 먼저 강조하면 관계 프로그램으로 변질되어 신앙의 뿌리가 코이노니아라는 사실을 놓치게 된다. 이 경우 공동체에 어려움이 닥치면 근본적인 문제를 다루기보다 또 다른 해결 프로그램으로 대체하려고 든다.

프로그램에 의한 관계는 그리스도의 몸의 핵심인 사랑과 하나님의 은혜가 아니라, 필요에 의한 관계가 되기 쉽다. 프로그램이 끝나는 연말만 기다리는 '어쩔 수 없는 사역'이 되기도 한다. 이렇게 '어쩔 수 없이' 관계를 맺는 경우는 주로 책임 있는 자리에 있는 리더에게 많이 나타나는데 이들에게 관계는 의무감이다. 관계가 스트레스일 수밖에 없다.

다름과 틀림을 수용하라

그리스도의 몸된 지체끼리 하나 되는 것이 어려운 이유는 다름과 틀림을 혼동하기 때문이다. 어느 고대 철학자는 "한 가지 소리만으로 아름다운 음악이 될 수 없고, 한 가지 색으로 찬란한 빛을 이루지 못하며, 한 가지 맛으로는 진미(珍味)를 내지 못한다"고 했다.

다양성은 풍성함이 있지만, 조화를 잃어버리면 갈등을 초래하는 양면성을 가지고 있다. 공동체도 한 가지 색이면 좋을 것 같지만 다양함을 잃은 편협한 집단이 될 수 있다. 오케스트라 지휘자가 서로 다른 악기를 조합해서 아름다운 음악을 창조하듯이 다름은 갈등을 빚기도 하지만 성숙이라는 아름다움을 낳는다.

사람의 기질과 환경이 신앙에도 영향을 미친다. 열정적인 사람이 있는가 하면 소극적인 사람도 있고, 다혈질인가 하면 우울질인 사람도 있다. 자라 온 환경의 영향으로 다른 사람에게 상처를 주거나 상처를 받기도 한다.

교회에는 이렇게 다양한 사람들이 있다. 그런데 사람들은 다름을 통해 기쁨과 보람을 찾기보다 불편하기 때문에 피하고 싶어 한다. 그래서 닮은 사람, 비슷한 사람들끼리 모이기를 좋아한다. 그러나 교회는 다양성 속에서 하나님의 섭리가 이루어지는 곳이다. "너희도 성령 안에서 하나님이 거하실 처소가 되기 위하여 그리스도 예수 안에서 함께 지어져 가느니라"(엡 2:22)고 하신 것처럼 우리의 영적 성장은 혼자 할 수 없다는 것을 알아야 한다. '나는 누구의 도움도 받을 필요가 없다'는 생각은 교만이다. 우리는 다른 사람들과 조화를 이루며 공동체를 세워야 한다. 즐거워하는 자들과 함께 즐거워하고 우는 자들과 함께 울며(롬 12:15) 서로에게 요긴한 사람(고전 12:22)이 되어야 한다.

그러기 위해선 **첫째, 먼저 나를 알아야 한다.** 자신의 성격 유형을 알지 못하면 문제의 원인을 남의 탓으로 돌릴 수 있다.

둘째, 다른 사람을 알아야 한다. 나와 다른 성격 유형을 이해하지 못하면 자신의 관점으로 판단하고, 조정하려다 갈등이 깊어질 수 있다. 건강한 리더는 상대방의 언어나 행동으로도 소통할 수 있어야 한다.

셋째, 틀린 것이 아니라 다른 것임을 알아야 한다. 스트레스를 받으면 아무도 만나지 않고 잠을 자는 사람이 있는가 하면, 친구를 만나 수다를 떨어야 스트레스가 해소되는 사람이 있다. 나와 다른 것은 틀린 것이 아니다.

넷째, 다름의 불편을 받아들여야 한다. 나와 다른 것은 불편할 수밖에 없다. 사람들은 불편을 싫어한다. 그래서 피하거나 무시하거나 아니면 튕겨 나간다.

다섯째, 다양함의 조화를 알아야 한다. 우리가 좋아하는 무지개가 만일 한 가지 색이었다면 무지개를 좋아하지 않았을 것이다. 무지개는 7가지 색깔의 조화로움 때문에 더 아름답다.

여섯째, 다른 것이 나를 성장하게 한다는 것을 깨달아야 한다.

일곱째, 모든 것을 예수 그리스도의 사랑으로 완성해야 한다.

나와 다른 생각을 가진 사람을 설득하면 갈등이 일어날 수 있다. 내 생각이 맞다는 전제가 있기 때문이다. 대부분의 갈등의 원인이 나와 다른 것을 틀린 것으로 오해하기 때문이다. 환경이나 은사 그리고 은혜와 체험도 다르고, 각자의 역할(머리가 해야 할 역할, 손의 역할, 각종 장기의 역할)도 다름을 인정할 때 성도는 한 몸이 될 수 있다.

결국 공동체는 서로 다른 퍼즐을 통해 그림을 만들어 가는데, 그러기 위해서 다음과 같은 마음가짐을 가져야 한다.

있는 그대로 인정하라

이해는 논리적으로 인과관계를 파악하는 것이지만, 인정은 사실이나 논리보다 상황이나 감정을 수용하는 것이다. 예를 들어, "네가 한 행동은 이해 안 되지만, 그 상황은 인정한다" 할 때 논리적으로는 수용할 수 없지만 네가 처한 상황을 있는 그대로 받아들이겠다(인정)는 말이다.

다른 사람과 갈등이 있을 때 '내 마음 같지 않다'고 생각한다. 이런 생각이 갈등을 더 부추길 수 있는데, 주로 교회 사역에서 이런 일이 많다.

철학자이자 교육자인 존 듀이(John Dewey) 교수는 인간이 지니는 가장 끈질긴 충동은 '중요한 인물이 되고 싶은 욕구'라고 했다. "참 예쁘게 생겼다" "얼굴도 잘생기고 공부도 잘한다"는 말을 싫어할 사람은 없다. 그런데 어릴 때부터 인정을 받지 못한 사람은 비정상적인 방법으로 인정받으려는 경향이 있다.

갓난아기가 조금만 울어도 부모는 바로 젖을 물리거나 달랜다. 이때 아기는 '아 내가 울기만 하면 다 해결되는구나'를 학습하게 된다. 반면 울어도 젖이 없고, 짜증내도 관심을 가져 주지 않으면 아기는 '나는 인정받지 못하고 있구나'를 학습하게 되고 이것이 잠재의식에 깊이 새겨진다. 이렇게 인정받지 못한 경험이 나중에 커서 비정상적인 방법으로 인정받으려는 행동으로 나타나게 된다.

미국의 한 교실에 쥐 한 마리가 들어와 교실 바닥을 쏜 살같이 가로질러 어디론가 사라지는 바람에 한순간에 교실이 난장판이 되었다. 선생님은 놀란 아이들을 진정시키고 앞은 못 보지만 태어날 때부터 청각이 발달한 스티비 모리스(Stevie Morris)라는 아이에게 쥐가 어디에 숨었는지 알려 달라고 했다. 그때 스티비가 가리킨 곳은 쓰레기통이었다. 이 아이가 훗날 그래미상을 열일곱 번 수상하고 오스카상을 거머쥔 당대 최고의 가수 스티비 원더(Steviee Wonder)다. 그는 선생님의 인정이 자신의 인생을 바꾼 계기가 되었다고 말했다.

인정은 삶의 활력인 동시에 에너지다. 사소한 것이라도 누군가에게 인정을 받게 되면 그것을 계속하려는 경향이 있는데, 이 사소한 인정이 그 사람을 성장하게 만든다. 나이가 많든 어리든, 부자든 가난하든, 높은 위치에 있든 그렇지 않든 누군가에게 인정을 받으면 그 삶에 활력이 생기게 된다.

이처럼 인정은 자신감을 주어 사람을 변화시킬 뿐만 아니라, 소망을 주는 창조적인 힘을 발휘한다. 무시와 비판은 파괴적 에너지가 되지만, 상대방의 존재와 사역에 대한 인정은 창조적 에너지가 되어 자신과 세상을 바꾸

게 한다. 하나님은 실패한 사람도 끝없이 인정하시며 창
조적 힘을 발휘하도록 도우신다는 사실을 잊지 말아야
한다.

> 버러지 같은 너 야곱아, 너희 이스라엘 사람들아 두려워하지
> 말라 나 여호와가 말하노니 내가 너를 도울 것이라 네 구속
> 자는 이스라엘의 거룩한 이이니라 사 41:14

있는 그대로 인정하기 위해서는 **첫째, 작은 것이라도 인
정한다.** 사소한 것도 인정받으면 기분이 좋아진다. 센스 있
게 옷을 입는다든지, 웃는 미소가 예쁘다든지, 목소리가
시원하다든지… 상대의 작은 것도 놓치지 않고 인정하면
누구나 자신감이 생기고 긍정적인 생각을 갖게 된다.

    둘째, 단점을 보기 전에 먼저 장점을 본다. 누구나 장단점
을 가지고 있지만, 긍정적인 사람은 대체로 장점을 먼저
보고, 부정적인 사람은 단점부터 본다. 일반적으로 사람
들은 장점보다 먼저 단점을 보려는 경향이 있는데 이는
관계의 방어기제 때문이다. 이런 방어적인 생각이 오히려
상대방에게 경계심을 주거나 오해를 불러일으킨다.

    셋째, 진정한 마음으로 인정한다. 간혹 '하라니까 한다'는
식의 말을 하는 사람이 있다. 물론 안 하는 것보다 낫지

만, 상대방은 진정성이 있는지, 없는지 금방 안다.

넷째, 인정한 부분에 대해 일관성이 있어야 한다. 어떤 날은 되고, 어떤 날은 안 되면 누구도 신뢰하지 않는다.

다섯째, 하나님께 장점을 보는 눈을 달라고 기도한다. 이것은 하나님만이 하실 수 있는 영역이다. 예수님은 열두 제자를 볼 때 현재가 아닌 미래의 모습으로 보셨다. 인정은 미래를 보게 한다.

> 갈릴리 해변에 다니시다가 두 형제 곧 베드로라 하는 시몬과 그의 형제 안드레가 바다에 그물 던지는 것을 보시니 그들은 어부라 말씀하시되 나를 따라오라 내가 너희를 사람을 낚는 어부가 되게 하리라 하시니 마 4:18-19

있는 그대로 용납하라

"목사님, 저 사람하고 도저히 맞지 않아요. 제발 다른 셀로 옮겨 주세요."

늘 마음이 불편하고 눈엣가시처럼 느껴지는 사람이 있다. 용납은 손해를 감수하는 깊은 수용으로 인정보다 너그러운 내면적인 허용이다. 상대방의 잘못된 결과까지 받아들이는 것이 용납이다. 용납한다는 것은 쉽지 않은 일이지만 그리스도의 몸된 공동체에서 용납은 절대적인 가치다.

　모든 것을 탕진하고 돌아온 탕자를 안아 준 아버지는 둘째 아들의 실수와 어리석음을 용납했다. 예수님은 이것을 아버지의 마음이라고 하셨다. 용납은 이처럼 이해할 수 없는 행동조차 받아 주는 사랑이다.

　바울은 "모든 겸손과 온유로 하고 오래 참음으로 사랑 가운데서 서로 용납하고 평안의 매는 줄로 성령이 하나 되게 하신 것을 힘써 지키라 몸이 하나요 성령도 한 분이시니 이와 같이 너희가 부르심의 한 소망 안에서 부르심을 받았느니라"(엡 4:2-4)고 가르쳤다. 다른 사람을 용납하는 일이 쉽지 않다는 것을 바울도 인정한다. 그래서 나의 의지가 아니라, 하나님의 은혜로 하나가 될 것을 말한 것이다.

　또한 용납은 있는 그대로를 받아들이고 사랑하고, 그 모습을 미워하거나 학대하지 않는 것이다. 그래서 용납을 통해 연약한 지체가 자신의 연약함에 머물러 있지 않고, 더 발전하는 모습을 보게 된다.

　용납은 포기와 다르다. "난 저 사람을 포기했어요. 자기가 알아서 하겠지요"라고 말하는 것은 용납이 아니라, 포기다. 용납은 미래가 있지만, 포기는 미래가 없다. 많은 사람들이 용납하기보다 포기하기를 선택한다. 왜 그런 것일까?

용납은 너그러운 마음과 희생, 그리고 상대방에 대한 미래지향적인 사랑이 요구되기 때문이다. 주로 자신에게 긍정적인 사람은 용납하는 마음이 많지만, 자신에게 부정적인 사람은 상황을 회피하기 위해 쉽게 포기하는 경향이 있다. 상대방을 이해하려다가 오히려 상처받거나 불필요한 에너지가 요구되기 때문에 먼저 끈을 놔 버리는 것이다.

그리스도의 몸된 공동체가 한 몸을 이루는 것은 결코 간단하지 않다. 지체 한 사람, 한 사람이 포도나무인 예수 그리스도에게 접붙여져 예수님의 뜻대로 순종하는 삶이 있어야 한다. 비록 나보다 부족하더라도 서로를 소중히 여기며 섬길 때 머리인 예수 그리스도께서 자라게 하신다.

> 이제 지체는 많으나 몸은 하나라 눈이 손더러 내가 너를 쓸데가 없다 하거나 또한 머리가 발더러 내가 너를 쓸 데가 없다 하지 못하리라 그뿐 아니라 더 약하게 보이는 몸의 지체가 도리어 요긴하고 우리가 몸의 딜 귀히 여기는 그것들을 더욱 귀한 것들로 입혀 주며 우리의 아름답지 못한 지체는 더욱 아름다운 것을 얻느니라 고전 12:20-23

교회는 다양성 속에서
하나님의 섭리가 이루어지는 곳이다.
우리의 영적 성장은 혼자 할 수 없다

5주 차 핵심 습관 체크

NO	큐티	기도	은혜와 감동
Day 29	☐	☐	....
Day 30	☐	☐	....
Day 31	☐	☐	....
Day 32	☐	☐	....
Day 33	☐	☐	....
Day 34	☐	☐	....
Day 35	☐	☐	....

개인 적용

• 새롭게 깨달은 부분은 무엇인가?

• 일주일 동안 기도와 말씀을 통해 받은 은혜는 무엇인가?

5주 차 셀모임

◇ Welcome(환영)
  • 서로의 장점 하나씩을 말해 본다.

◇ Worship(찬양)

◇ Word(말씀)
  • 새롭게 발견한 것이 있는가?
  • 이번 주에 어떤 영적 은혜가 있었는가?
  • 누군가에게 인정받아 본 경험을 이야기해 보라.

◇ Work(사역)
  • 후원자에게 감사하다고 말한다
  - 후원자 기도
  • 가장 힘들었던 것을 위해 기도한다
  - 함께 기도하기
  • 내 자신이 하나 됨의 시작이 되도록 기도한다.
  • 새로운 영적 습관을 위해 기도한다.
  • 리더 자신을 위해 기도한다.
  • 넘어지지 않도록 서로를 위해 기도한다.
  • 성령님이 이 모임을 이끌어 가시도록 기도한다.

후원자 과제

• 먼저 큐티와 기도를 매일 하고 단톡방에서 은혜를 나눈다.
• 단톡방에 응원의 댓글을 단다.
• 후원자와 진솔한 관계를 유지한다.
• 조금씩 생겨나기 시작하는 변화에 대해 나누고, 서로 잘하고 있음에 대해 격려한다.
• 6주 차 주제를 읽도록 서로 격려한다.

Day 36-42 · **핵심 습관 성장기 2**

성령의 열매를 맺는 리더

리더의 성품, 성령의 열매

나만 생각하던 사람이 남을 돌아보기 시작할 때 성숙
해졌다는 말을 듣게 된다. 영적 아이는 자기만 생각하지
만, 영적 청년부터는 이타적으로 다른 사람을 생각하기
시작한다. 한때는 교회에서 열심히 헌신하는 사람을 좋아
했지만, 최근에는 사람 됨됨이가 좋은 성도가 인정을 받

고 있다.

"성품은 말보다 더 크게 말한다"는 말이 있듯이, 한 사람의 전인격인 성품은 인간관계에 많은 영향을 미치며 특히 공동체에서 잘 드러나게 된다. 성품은 성도들의 관계를 풍성하게도 하고 고통스럽게도 한다. 예수님도 착한 행실을 가진 사람들이 하나님께 영광을 돌린다고 하셨다 (마 5:16).

착한 행실은 성도의 내적인 하나님의 마음이 외적으로 드러나는 것이다. 우리가 하나님을 모르고 살 때는 나의 내적 사고인 욕망과 세상의 가치관이 외적으로 드러나지만, 하나님의 사람은 하나님을 닮은 아름다움을 외적으로 드러낸다. 이것이 성령의 열매다.

예수를 믿고 사람이 변했다면 예수님을 알기 전에 없었던 성령의 열매가 예수님을 믿음으로 드러났다는 얘기다. 예수님을 믿는 자는 반드시 성령의 열매가 성품으로 드러나게 되어 있다. 성령님이 열매를 맺게 하시기 때문이다. 우리는 성령의 열매를 사모할 뿐만 아니라, 성령의 열매가 자신의 성품이 되도록 기도하고 노력해야 한다. 성령의 열매가 성도답게 한다.

오직 성령의 열매는 사랑과 희락과 화평과 오래 참음과 자비

와 양선과 충성과 온유와 절제니 이 같은 것을 금지할 법이
없느니라 갈 5:22-23

사랑

사랑은 하나님의 속성으로서 우리가 닮아야 할 하나님
의 핵심적인 성품이다. 사랑은 감정이나 감성이 아니라 희
생과 헌신을 통해 얻어지는데, 바울은 "사랑은 오래 참고
사랑은 온유하며 시기하지 아니하며 사랑은 자랑하지 아
니하며 교만하지 아니하며 무례히 행하지 아니하며 자기
의 유익을 구하지 아니하며 성내지 아니하며 악한 것을
생각하지 아니하며 불의를 기뻐하지 아니하며 진리와 함
께 기뻐하고 모든 것을 참으며 모든 것을 믿으며 모든 것
을 바라며 모든 것을 견디는 것"(고전 13:4-7)이라고 했다.

그런데 사랑을 다른 지체가 나에게 베푸는 자기중심적
인 감성으로 이해하는 경향이 있다.

"우리 셀에서는 사랑을 느낄 수가 없어요."

"교회에서 사랑한다는 말을 자주 듣지 못해요."

이런 감성적인 사랑은 하나님의 사랑과 다르다. 예수
그리스도의 십자가가 우리를 사랑하시는 하나님의 대표
적인 사랑이다. 사랑은 언제나 하나님으로부터 시작되어
야 한다. 이 사랑은 낮아짐과 희생 그리고 순종을 통해 완

성되며, 내가 먼저 시작할 때 메아리처럼 돌아온다.

희락

희락은 기쁨을 나타내는 성품으로 어떤 상황에서도 기뻐하며 범사에 감사하는 긍정적인 마음이다. 미움은 근심을 주지만 희락은 자신을 낮추고 다른 사람을 높이는 겸손한 마음으로 언제나 밝은 미소와 즐거운 마음으로 지체를 대한다. 또한 희락은 삶에 지치고 용기를 잃은 지체들에게 하나님의 은혜를 나눔으로써 오아시스와 같은 쉼을 제공한다. 희락이 가득한 성도는 예수 그리스도의 향기를 드러내고 어둠을 밝히는 촛불이 된다.

하나님의 나라는 먹는 것과 마시는 것이 아니요 오직 성령 안에 있는 의와 평강과 희락이라 롬 14:17

또 너희는 많은 환난 가운데서 성령의 기쁨으로 말씀을 받아 우리와 주를 본받은 자가 되었으니 살전 1:6

화평

화평은 다른 사람을 대하는 마음으로 관계에 관한 성품이다. 성도는 다른 사람을 평화로운 마음으로 대해야 한다. 손해가 있을지라도 자신의 유익을 생각하지 않고, 나와 다르거나 부족함이 있더라도 용납하고 인정할 때 화평의 관계가 시작된다.

화평이란 말에는 쉼과 평안, 조화, 그리고 안정이란 의미가 담겨 있다. 그렇기 때문에 화평은 먼저 하나님과 화평의 관계, 나와 건강한 관계, 그리고 이웃과 사랑의 관계가 회복되어야 한다.

죄로 인해 하나님과 관계가 끊어져 있으면 하나님의 사랑을 누릴 수 없기 때문에 가장 먼저 하나님과 관계 회복이 중요하다. 하나님과 관계 회복은 오직 회개뿐이다. 그리고 하나님 안에 거하는 것이 하나님과 화평을 얻는 유일한 방법이다.

자신과 건강한 관계는 자신을 인정하고 사랑하는 것이다. 과거의 나쁜 기억에 얽매여 자신을 인정하지 않고 미워하면 다른 사람을 사랑할 수 없다. 예수님이 이웃을 사랑할 때, 자기를 사랑하는 것같이 사랑하라고 하신 이유가 여기에 있다. 자신에 대한 긍지가 있어야 한다. 반대로 지나치게 자기를 사랑하면 우월감에 빠져 공동체를 위험에 빠뜨릴 수 있다.

오래 참음

오래 참음은 고난을 견디는 기나긴 과정으로 일과 언행이 조급하지 않은 성실한 성품이다. 실패에도 당황하거나 좌절하지 않는 군건한 마음, 하나님에 대한 신뢰로 흔들리지 않는 마음이 오래 참음이다.

공동체는 단시간에 완성되지 않는다. 지체들 간에 다름과 기다림 그리고 성실함을 배우는 시간이 필요하다. 이 시기는 서로 기도하며 그리스도의 몸을 세우는 기나긴 인내의 시간이 필요하기 때문에, 공동체가 안정기에 들어설 때까지 성령이 주시는 오래 참는 성품이 가장 절실히 요구된다.

오래 참음에는 하나님을 신뢰함과 여유로움이 있어야 가능하다. 실패에도 좌절하지 않고, 하나님의 사랑과 계획을 신뢰하며, 지체를 신뢰할 때 참음의 지속성이 자연스럽게 유지된다. 이를 악 물고 참는 것은 신뢰와 성실함에서 나온 것이 아니라 감정적으로 참는 것이기에 일시적일 수밖에 없다. 오래 참음의 힘은 성령님께 모든 것을 맡길 때 나온다.

그의 영광의 힘을 따라 모든 능력으로 능하게 하시며 기쁨으로 모든 견딤과 오래 참음에 이르게 하시고 골 1:11

오래 참는 시간을 통해 하나님의 뜻을 분별할 수 있어야 한다. 욥이 육체의 고통과 삶의 고난 중에도 하나님을 신뢰하며 하나님의 뜻을 분별한 것처럼, 오래 참음은 하나님이 마련하신 새로운 길을 분별로 발견하게 한다.

자비

자비는 남을 긍휼히 여기는 그리스도인의 성품으로 사람에게 친절을 베푸시는 하나님의 모습이다. 자비는 상대방의 기쁨이나 슬픔을 공감하는 것이며, 대화 중에 친절함이 드러나는 것이다.

예수님을 닮은 자비로운 성도는 언행이 경솔하지 않으며, 어떤 상황에서도 남을 탓하거나 판단하지 않고 스스로 정화하는 능력을 가지고 있다.

자비로운 사람의 친절한 말 한마디가 상대방에게 힘이 되고, 위로의 말 한마디가 영혼을 살리는 기쁨이 된다.

> 우리 구주 하나님의 자비와 사람 사랑하심이 나타날 때에
> 딛 3:4

양선

양선은 남에게 양보하고 배려하는 성품으로 상대방을 무시하지 않고 상처 주지 않으며 존중하는 마음이다. 지체의 부족함도 기꺼이 받아 주고 나와 다른 것조차 인정하는, 공동체를 세우는 가장 중요한 성품이다.

양선의 성품을 가진 사람은 언제나 긍정적이고 밝아서 열린 분위기를 만들며 상대방을 잘 이해하기 때문에 주변 사람들에게 좋은 영향력을 끼친다. 특히 양선의 성품을 가진 사람은 상대방의 허물은 덮고, 좋은 점은 칭찬하는 능력이 있다. 아주 작은 것이라도 대수롭게 여기지 않고 기억해서 칭찬한다. 칭찬받은 사람은 그렇지 못한 사람보다 성장하게 된다.

빛의 열매는 모든 착함과 의로움과 진실함에 있느니라 엡 5:9

내 형제들아 너희가 스스로 선함이 가득하고 모든 지식이 차서 능히 서로 권하는 자임을 나도 확신하노라 롬 15:14

충성

충성은 내가 믿기로 결심한 것을 끝까지 신뢰하는 흔들림이 없는 것으로 성도에게 가장 중요한 성품이다. 성도에게 충성의 대상은 하나님밖에 없다. 하나님께 충성하는 자는 후회가 없으나 사람이나 사역에 충성한 사람은 대가를 기대하기 때문에 후회와 절망 그리고 저항을 불러일으킬 수 있다.

충성스러운 성도는 매사에 근면하고 적극적인 마음을 가지고 있다.

> 주인이 이르되 잘하였다 착한 종이여 네가 지극히 작은 것에 충성하였으니 열 고을 권세를 차지하라 하고 눅 19:17

> 그리고 맡은 자들에게 구할 것은 충성이니라 고전 4:2

온유

온유는 부드러운 성품이다. 온유한 성품을 가진 사람은 마음이 크고 넓어 언제나 다른 사람을 포용하고 불편을 주지 않는다. 온유함은 예수님의 성품(마 11:29)이기 때문에 위선적이거나 인위적이지 않다. 인위적인 온유함은 자기 한계에 부딪치거나 손해를 보게 되면 억울한 마음과 불만을 드러내지만, 예수님이 주신 온유함은 겸손하여 언제나 부드럽다.

주의 종은 마땅히 다투지 아니하고 모든 사람에 대하여 온유
하며 가르치기를 잘하며 참으며 딤후 2:24

온유한 자는 복이 있나니 그들이 땅을 기업으로 받을 것임이
요 마 5:5

절제

성령의 열매에서 절제가 마지막으로 언급되는 것은,
그만큼 절제가 영적 성숙을 평가하는 성품이기 때문이다.
치우침이 없이 중용, 조화, 질서를 추구하는 절제는 자기
자신을 붙들어 매어 교만하지 않도록 한다.

바울도 "내가 내 몸을 쳐 복종하게 함은 내가 남에게
전파한 후에 자신이 도리어 버림을 당할까 두려워함이로
다"(고전 9:27)라고 고백했다. 성도에게 절제가 얼마나 중
요한지를 가르치는 말씀이다. 이 때문에 절제를 그리스도
의 향기를 아름답게 하는 미(美)라고 한다. 사람들은 교만
하지 않고, 자신을 낮추며, 상대방을 인정해 주는 사람을
높이 평가한다.

이기기를 다투는 자마다 모든 일에 절제하나니 그들은 썩을
승리자의 관을 얻고자 하되 우리는 썩지 아니할 것을 얻고자

하노라 고전 9:25

특히 절제는 공동체를 위해 성령 안에서 과하지도 않고, 부족하지도 않게 자신을 조절함으로써 지체 간의 균형을 중요하게 생각하는 성숙한 성품이다.

성령의 열매와 은사

오늘날 건강한 교회로 주목받던 교회들이 어려움을 겪을 때마다 우리는 고린도교회를 통해 지혜를 얻어야 한다. 바울은 고린도교회를 은사는 풍성한데(고전 1:6-7) 영적으로는 미성숙한 아이라고 평가했다.

> 형제들아 내가 신령한 자들을 대함과 같이 너희에게 말할 수 없어서 육신에 속한 자 곧 그리스도 안에서 어린 아이들을 대함과 같이 하노라 내가 너희를 젖으로 먹이고 밥으로 아니하였노니 이는 너희가 감당하지 못하였음이거니와 지금도 못하리라 너희는 아직도 육신에 속한 자로다 너희 가운데 시기와 분쟁이 있으니 어찌 육신에 속하여 사람을 따라 행함이 아니리요 고전 3:1-3

은사가 풍성한데 영적으로 미성숙할 수 있을까? 은사

는 하나님의 뜻대로 쓰임 받아 교회의 덕을 세우고 성도를 온전하게 하는 하나님의 선물이지만, 하나님을 알고 하나님을 닮는 영적 성숙함과는 별개일 수 있다. 실제로 교회에서 헌신적이고 열정적인 성도가 다른 지체에게 원망을 듣거나 문제를 일으키는 사례가 매우 많다.

"저 사람은 믿음도 좋고, 교회 봉사도 열심히 하는데 가는 곳마다 분쟁을 일으켜."

은사가 지나치게 강조되면 은사를 주신 분의 목적을 잊어버리고 교만에 빠질 수 있다. 고린도교회처럼 자신을 드러내려 힘쓰거나 사역 간에 마찰과 갈등이 생기기도 한다.

사랑과 성령의 열매

영적 성숙함인 성령의 열매는 성도를 성숙하게 하는 하나님의 내적 은혜인 동시에 외적으로 드러나는 성품이다. 그래서 바울은 은사는 사랑이 없으면 아무것도 아니라고 했다. 사랑은 은사를 주신 하나님의 성품인 동시에 성령의 열매의 중심이기 때문이다.

내가 사람의 방언과 천사의 말을 할지라도 사랑이 없으면 소리 나는 구리와 울리는 꽹과리가 되고 내가 예언하는 능력이 있어 모든 비밀과 모든 지식을 알고 또 산을 옮길 만한 모든 믿음이 있을지라도 사랑이 없으면 내가 아무것도 아니요 내가 내게 있는 모든 것으로 구제하고 또 내 몸을 불사르게 내줄지라도 사랑이 없으면 내게 아무 유익이 없느니라 고전 13:1-3

독일의 한 신학자가 성령의 9가지 열매에 대해 "성령의 열매는 9가지가 아니라, 오직 사랑뿐이다. 나머지 8가지는 사랑 안에 있는 것들이다. 이것은 번역 과정에서 생긴 오류다"라고 주장했다. 물론 이 주장은 정설(正說)로 인정받지 못했지만 공감되는 부분이 많다.

사랑이 없이는 '희락과 화평과 오래 참음과 자비와 양선과 충성과 온유와 절제'는 불가능하다. 사랑이 없는 희락은 가식을 부르고, 사랑이 없는 화평은 불평과 불만을 초래하고, 사랑 없이는 참을 이유가 없고, 사랑이 없는 자비는 상상도 할 수 없다. 사랑이 없는 양선은 손해 볼 것만 같고, 사랑이 없는 충성은 과욕을 불러올 수 있다. 사랑이 없는 온유는 거짓을, 사랑이 없는 절제는 불안감을 주체할 수 없기 때문에 사랑이 없는 8가지 열매는 있을 수 없다.

공동체에서 드러나는 성령의 열매

공동체의 성숙함은 성령의 열매로 드러난다. 미성숙한 공동체는 자기중심적이고 배타적이지만, 성숙한 공동체는 성도들의 내적 성숙함이 성령의 열매로 드러나 항상 이타적이며, 지체 안에서 서로를 섬긴다.

셀이 무기력하거나 갈등이 생겼을 경우에는 영적 성숙함인 성령의 열매가 희석되었는지 서로의 거울로 비춰 봐야 한다. 성령의 열매는 남 탓하지 않고, 자신의 부족함을 깨달아 하나님 앞에 나오게 한다. 따라서 시편 기자처럼 매일 말씀을 읊조리고 기도하는 것이 특히 공동체에서 중요하다.

6주 차 핵심 습관 체크

NO	큐티	기도	은혜와 감동
Day 36	☐	☐	
Day 37	☐	☐	
Day 38	☐	☐	
Day 39	☐	☐	
Day 40	☐	☐	
Day 41	☐	☐	
Day 42	☐	☐	

개인 적용

• 새롭게 깨달은 부분은 무엇인가?

• 일주일 동안 기도와 말씀을 통해 받은 은혜는 무엇인가?

6주 차 셀모임

◇ Welcome(환영)
  • 성령의 열매 중 가장 갖고 싶은 성품은 무엇인가?

◇ Worship(찬양)

◇ Word(말씀)
  • 새롭게 발견한 것이 있는가?
  • 이번 주에 어떤 영적 은혜가 있었는가?
  • 나의 성격 중에 변화되고 싶은 부분은 무엇인가?

◇ Work(사역)
 - 후원자 기도
  • 가장 힘들었던 것을 위해 기도한다.
 - 함께 기도하기
  • 새로운 영적 습관을 위해 기도한다.
  • 리더 자신을 위해 기도한다.
  • 넘어지지 않도록 서로를 위해 기도한다.
  • 성령님이 이 모임을 이끌어 가시도록 기도한다.

후원자 과제

• 먼저 큐티와 기도를 매일 하고 단톡방에서 은혜를 나눈다.
• 단톡방에 응원의 댓글을 단다.
• 후원자와 진솔한 관계를 유지한다.
• 새로운 핵심 습관에 적응하는 후원자도 있지만, 여전히 어려움을 겪는 후원자도 있다. 서로의 격려가 가장 필요한 때다.
• 7주 차 주제를 읽도록 서로 격려한다.

Day 43-49 •   **핵심 습관 성장기 3**

십자가로 성장하는 리더

십자가는 사랑의 결정체다

예수님의 십자가는 대속의 은혜다. '대신하여, 위하여'
라는 뜻의 대속(代贖)은 인간이 치러야 할 모든 죄의 대가
를 예수님이 희생양이 되어 친히 지불하신 것이다. 이사
야 선지자가 "그가 찔림은 우리의 허물 때문이요 그가 상
함은 우리의 죄악 때문이라 그가 징계를 받으므로 우리

는 평화를 누리고 그가 채찍에 맞으므로 우리는 나음을 받았도다"(사 53:5)고 예언했듯이, 예수님의 십자가 죽으심은 하나님과 인간의 화해이며, 동시에 창조 이후 가장 위대한 하나님의 은혜. 그래서 성경은 십자가를 하나님 사랑의 결정체요 최고의 가치라고 말한다.

우리가 비록 죄인이지만, 그럼에도 불구하고 하나님의 자녀가 된 것은 전적으로 십자가 은혜 때문이다.

십자가의 길

> 이에 예수께서 제자들에게 이르시되 누구든지 나를 따라오려거든 자기를 부인하고 자기 십자가를 지고 나를 따를 것이니라 마 16:24

십자가는 하나님의 은혜와 사랑인 동시에 우리가 걸어가야 할 여정이다. 예수님은 이 여정을 십자가를 통해 알려 주셨는데 이 여정의 조건은 **첫째, 버림이다.** 십자가는 버림을 요구한다.

신학자 존 스토트(John Stott)는 "그리스도의 십자가를 생각할 때마다 나의 귓전에 '나는 너 때문에 여기 못 박혔다. 나는 네 죄를 짊어지고 있으며, 네가 당할 저주를 대신 당하고 있고, 너의 빚을 지불하고 있으며, 너를 대신해 죽어 가고 있노라'는 말씀이 들리는 듯하다. 온 우주를 통틀어, 역사상 그 무엇도 십자가만큼 우리를 겸손하게 만드는 것은 없다"고 했다.

십자가는 버림으로 나를 겸손하게 한다. 십자가만이 내가 아무것도 할 수 없다는 것을 깨닫게 한다. 바울은 "그는 근본 하나님의 본체시나 하나님과 동등됨을 취할 것으로 여기지 아니하시고 오히려 자기를 비워 종의 형체를 가지사 사람들과 같이 되셨고 사람의 모양으로 나타나사 자기를 낮추시고"(빌 2:6-8)라고 했다.

예수님이 하나님의 본체를 버리고 죄 가운데로 내려오신 것은 우리로선 상상할 수 없는 진정한 버림이었다. 잡히시기 전날 밤에도 직접 제자들의 발을 씻기시며 "내가 주와 또는 선생이 되어 너희 발을 씻었으니 너희도 서로 발을 씻어 주는 것이 옳으니라"(요 13:14)고 십자가의 길을 미리 보여 주셨다. 십자가는 자존심, 욕망, 가치, 자기 의를 버리고 내가 만든 성(城)에서 빠져나올 것을 요구한다.

'자기 십자가를 지는 것'(마 16:24)이 온전한 성도의 삶이며 예수님을 따르는 제자의 길이라면 자기 십자가를 져야 한다. 무언가를 꼭 쥔 두 손으로는 아무것도 잡을 수가 없다. 갖고 싶은 것이 있다면 먼저 손에 쥔 것을 버려야 한다. 움켜쥐고 있던 것을 놓지 않으면 결코 십자가를 붙들 수 없다.

둘째, 십자가는 섬김을 요구한다. "인자가 온 것은 섬김을 받으려 함이 아니라 도리어 섬기려 하고 자기 목숨을 많은 사람의 대속물로 주려 함이니라"(막 10:45)고 하셨다. 예수님은 세상에서 천대를 받던 가난하고 천한 사람을 섬기러 오셨다. 그의 섬김은 전에 볼 수 없던 성도의 모델이다. 섬김은 높은 곳이 아닌 낮은 곳에서만 가능하다. "형제들아 너희가 자유를 위하여 부르심을 입었으나 그러나 그 자유로 육체의 기회를 삼지 말고 오직 사랑으로 서로 종노릇하라"(갈 5:13)는 말씀처럼 종의 신분으로 자존심과 신념을 버렸을 때 비로소 섬김은 시작된다. 종의 신분으로 섬김의 자리에 섰을 때 십자가가 우리를 이끌어 간다.

셋째, 십자가는 죽음을 요구한다. 오늘날 성도들은 십자가의 종교적 거룩함과 상징에 빠져 십자가의 치욕과 고통, 그리고 죽음을 보지 못한다. 당시의 십자가는 종교적 거룩함이 아니라, 냄새나는 죽음이었다. 썩은 시체는 자존심이나 거룩함 대신 썩고 부질없는 몸뚱이밖에 없다. 십자가를 진다는 말은 아무것도 할 수 없는 썩은 시체가 된다는 의미다. 가수 하덕규는 '가시나무 새'에서 자신의 부질없는 모습을 이렇게 고백했다.

내 속엔 내가 너무도 많아 당신의 쉴 곳 없네

내 속엔 헛된 바람들로 당신의 편할 곳 없네

내 속엔 내가 어쩔 수 없는 어둠

당신의 쉴 자리를 뺏고

내 속엔 내가 이길 수 없는 슬픔

무성한 가시나무 숲 같네

바람만 불면 그 메마른 가지

서로 부대끼며 울어대고

쉴 곳을 찾아 지쳐 날아온

어린 새들도 가시에 찔려 날아가고

바람만 불면 외롭고 또 괴로워

슬픈 노래를 부르던 날이 많았는데

내 속엔 내가 너무도 많아서 당신의 쉴 곳 없네

십자가의 죽음은 생을 마감하는 끝이 아니라, 시작을
의미한다. 성도가 그리스도인으로 살기 위해서는 반드시
십자가의 죽음으로 새롭게 거듭나야 한다.

내가 그리스도와 함께 십자가에 못 박혔나니 그런즉 이제

는 내가 사는 것이 아니요 오직 내 안에 그리스도께서 사시

는 것이라 이제 내가 육체 가운데 사는 것은 나를 사랑하사

나를 위하여 자기 자신을 버리신 하나님의 아들을 믿는 믿음

안에서 사는 것이라 갈 2:20

십자가를 맛보지 않은 공동체는 자기주장이 강해 셀원들의 다양한 주장이 부딪쳐 갈등을 일으킨다. 공동체는 서로가 자기 십자가를 지는 죽음의 여정이 필요하다.

십자가를 통한 자유함

십자가는 죽음인 동시에 자유다. 내가 죽으면 십자가는 나를 자유롭게 하고 예수님이 내 짐을 대신 지신다. 기독교 신앙은 속박에서 자유해지는 것이다. 나를 얽매는 것으로부터, 그리고 죄책감으로부터 자유함을 얻는 것이다. 사탄은 자유함을 얻은 하나님의 백성에게 죄책감이라는 올무를 씌워 하나님 앞에 나가지 못하게 한다.

꿩 사육에 관한 재미있는 일화가 있다. 꿩은 예민해서 사육하는 데 많은 어려움이 있다고 한다. 어느 농장에서 대규모로 꿩을 키운다는 소식을 듣고 한 농장주가 찾아갔다. 그곳에는 꿩농장에서 흔히 볼 수 있는 그물이 보이지 않고 꿩들이 울타리 안에서 옹기종기 모여 있는데 신

기하게도 꿩들이 선캡(sun cap) 같은 작은 모자를 하나씩 쓰고 있었다. 이유를 물으니 농장 주인은 "원래 꿩은 인기 척이 나면 하늘로 날아가는데, 선캡을 쓰고 있으면 하늘이 없어진 줄 알고 그냥 이리저리 뛰어다니기만 한다"고 대답했다

사탄은 우리에게 죄책감이라는 선캡을 씌우고 "네가 하나님의 아들이라고? 에이 넌 아냐. 너는 아직 죄의 문제도 해결하지 않았고, 지난번에도 죄를 지었잖아. 다른 사람은 몰라도 너는 아냐. 너도 아니라는 걸 알면서 왜 그래? 하나님도 너는 좋아하지 않을걸" 하고 미혹한다. 미혹된 성도는 죄책감에 눈이 가려져 하나님의 그를 향한 사랑을 볼 수 없다. '그래, 하나님은 박 집사나 최 권사 같은 사람은 사랑하시지만, 나는 사랑하시지 않을 거야.'

그렇지 않다. 하나님은 여전히 죄인이고 여전히 부족한 우리를 사랑하시며 보석보다 존귀하게 여기신다. 교회에 헌신하고 주일성수를 잘하면 하나님이 사랑하시고, 그렇지 않으면 사랑하지 않다는 말도 사탄이 만든 거짓말이다.

늘 혼날 일만 하는 아이들을 보라. 엄마 아빠 앞에서 얼마나 당당한가. 그것이 자녀가 누리는 특권이다. 하나님은 우리의 아버지시다. 죄책감이라는 선캡을 벗어버리

고 예수님이 날 위해 지신 십자가의 자유함을 누려야 한다. 이것이 십자가의 은혜요, 하나님의 사랑이다.

십자가의 자유함이 없으면, 공동체에서 머리이신 예수 그리스도의 사랑을 그대로 받지 못해 다른 지체에게 상처를 주거나 상처를 받거나 한다. 사탄에게 휘둘리기 때문이다. 공동체에 있는 그리스도의 몸된 지체는 모두 하나님의 자녀요, 하나님의 백성이다. 예수님은 그 백성을 위해 십자가를 기꺼이 지셨다는 것을 믿기만 하면 된다.

십자가를 통한 회복

그러므로 생각하라 너희는 그때에 육체로는 이방인이요 손으로 육체에 행한 할례를 받은 무리라 칭하는 자들로부터 할례를 받지 않은 무리라 칭함을 받는 자들이라 그때에 너희는 그리스도 밖에 있었고 이스라엘 나라 밖의 사람이라 약속의 언약들에 대하여는 외인이요 세상에서 소망이 없고 하나님도 없는 자이더니 이제는 전에 멀리 있던 너희가 그리스도 예수 안에서 그리스도의 피로 가까워졌느니라 그는 우리의 화평이신지라 둘로 하나를 만드사 원수 된 것 곧 중간에 막힌 담을 자기 육체로 허시고 법조문으로 된 계명의 율법을 폐하셨으니 이는 이 둘로 자기 안에서 한 새 사람을 지어 화평하게 하시고 또 십자가로 이 둘을 한 몸으로 하나님과 화목하게 하려 하심이라 원수 된 것을 십자가로 소멸하시고 또 오셔서 먼 데 있는 너희에게 평안을 전하시고 가까운 데 있는 자들에게 평안을 전하셨으니 이는 그로 말미암아 우리 둘이 한 성령 안에서 아버지께 나아감을 얻게 하려 하심이라 그러므로 이제부터 너희는 외인도 아니요 나그네도 아니요 오직 성도들과 동일한 시민이요 하나님의 권속이라 너희는 사도들과 선지자들의 터 위에 세우심을 입은 자라 그리스도 예수께서 친히 모퉁잇돌이 되셨느니라 그의 안에서 건물마다 서로 연결하여 주 안에서 성전이 되어 가고 너희도 성령 안에서 하나님이 거하실 처소가 되기 위하여 그리스도 예수 안에서 함께 지어져 가느니라 엡 2:11-22

바울은 십자가의 화해로 지금까지 언약의 약속으로부터 소외되었던 이방인과 유대인 간에 벽이 허물어졌다고 말한다. 갈등과 멸시로 분열되었던 이방인과 유대인이 십자가의 화합과 사랑으로 하나 된 것이다. 예수님은 십자가를 통해 이 땅에 하나님의 코이노니아를 회복시키셨다. 뿐만 아니라 예수님은 하나님의 코이노니아를 닮은 교회를 세워 창조된 원래의 모습으로 회복하고자 하셨다.

십자가가 있는 곳에는 더 이상 분열이나 다툼이 없고,

하나님의 사랑만 있다. 이것이 공동체를 세운 십자가의 능력이다.

바울은 건물의 모퉁잇돌을 중심으로 벽돌이 서로 연결된 것처럼, 공동체도 갈등의 벽을 허무신 예수님을 중심으로 그리스도의 몸이 서로 연결되어 한 몸으로 지어져 간다고 했다. 이렇게 십자가는 새로운 시대에 하나님 나라를 선포하는 능력이다.

우리는 십자가 앞에서 자신은 죽었다고 고백하지만, 막상 이해관계가 생기면 결코 쉬운 일이 아니다.

우리에게 영광인 십자가는 그리스도의 몸된 성도에게 '자기를 부인하고 자기 십자가를 지는 삶'을 요구한다. 하지만 어떤 사람은 자존심이, 어떤 사람은 재물이, 어떤 사람은 시간이, 어떤 사람은 다른 지체와의 관계가 그리스도의 몸을 세우는 데 걸림돌이 된다.

"자존심 상해서 저 사람하고 같이 못하겠어요."

사탄이 자존심을 무기 삼아 십자가를 무력화시킨 것이다. 공동체에서 나를 내려놓을 때 비로소 내 삶의 주인이 하나님이신 것처럼 우리는 지체와 함께 십자가를 지는 삶을 배워야 한다. 이것이 예수님을 따르는 제자의 삶이다.

7주 차 핵심 습관 체크

NO	큐티	기도	은혜와 감동
Day 43	☐	☐	-----------------------------
Day 44	☐	☐	-----------------------------
Day 45	☐	☐	-----------------------------
Day 46	☐	☐	-----------------------------
Day 47	☐	☐	-----------------------------
Day 48	☐	☐	-----------------------------
Day 49	☐	☐	-----------------------------

개인 적용

• 새롭게 깨달은 부분은 무엇인가?

• 일주일 동안 기도와 말씀을 통해 받은 은혜는 무엇인가?

7주 차 셀모임

◇ Welcome(환영)
• 사계절 중에 제일 좋아하는 계절은 무엇인가?

◇ Worship(찬양)

◇ Word(말씀)
• 새롭게 발견한 것이 있는가?
• 이번 주에 어떤 영적 은혜가 있었는가?
• 십자가를 지는 데 가장 큰 걸림돌은 무엇인가?

◇ Work(사역)
- 후원자 기도
• 가장 힘들었던 것을 위해 기도한다.
- 함께 기도하기
• 십자가 앞에 내가 먼저 죽을 수 있도록 기도한다.
• 새로운 영적 습관을 위해 기도한다.
• 리더 자신을 위해 기도한다.
• 넘어지지 않도록 서로를 위해 기도한다.
• 성령님이 이 모임을 이끌어 가시도록 기도한다.

후원자 과제

• 먼저 큐티와 기도를 매일 하고 단톡방에서 은혜를 나눈다.
• 단톡방에 응원의 댓글을 단다.
• 후원자와 진솔한 관계를 유지한다.
• 새로운 핵심 습관을 갖게 된 후원자는 자신의 또 다른 긍정적인 변화를 다른 후원자와 나눔으로 그들이 용기를 얻을 수 있도록 격려한다.
• 8주 차 주제를 읽도록 서로 격려한다.

Day 50-56 • **핵심 습관 성장기 4**

공동체를 병들게 하는
7가지 행동

공동체에서 그리스도의 몸을 해치는 행위는 생각보다 많다. 리더는 이러한 일들이 알게 모르게 공동체에서 비일비재하게 일어나고 있다는 사실을 자각해야 현명하게 대처할 수 있다.

이기심

엘리베이터에 있던 모기가 자기 집에 따라 들어올까 봐 매일 한 층 위에서 내려 계단으로 내려오는 사람이 있다. 지혜로운 것처럼 보이지만, 이기적인 사람이다. 자기만 생각하는 이기심이 공동체를 어렵게 한다는 것을 아는 사람은 많지 않다. 이기심은 그리스도의 몸된 성도가 선한 영향력을 잃도록 사탄이 심은 죄의 뿌리다.

인기리에 방영되었던 TV 프로그램에서 "나만 아니면 돼"라는 말이 유행하기도 했는데, 성도가 피해야 할 대표적인 모습이 이기심이다.

이기심이 무엇인가? 이웃을 돌보지 않고, 그들의 눈물을 외면하며, 공동체에서 손해 보지 않으려 하고, 짐을 져야 할 때 '나 몰라라' 하는 모습을 말한다. 당연히 하나님의 코이노니아와 상관없는 모습이다. 사탄은 '나만 아니면 돼' 식의 이기적인 신앙을 하나님의 은혜로 둔갑시켜 성도 간에 갈등을 조장하거나 무관심하게 만든다.

특히 셀에서 이기심은 희생과 섬김을 무색하게 만들어 서로 짐을 지는 빛의 모습을 찾아볼 수 없게 만든다. 이기심은 서로에게 솔직하지 못하게 할 뿐만 아니라, 하나님과 다른 지체에게 가면을 쓴 모습만 보여 주게 만든다.

파당, 파벌

> 형제들아 내가 우리 주 예수 그리스도의 이름으로 너희를 권하노니 모두가 같은 말을 하고 너희 가운데 분쟁이 없이 같은 마음과 같은 뜻으로 온전히 합하라 내 형제들아 글로에의 집 편으로 너희에 대한 말이 내게 들리니 곧 너희 가운데 분쟁이 있다는 것이라 내가 이것을 말하거니와 너희가 각각 이르되 나는 바울에게, 나는 아볼로에게, 나는 게바에게, 나는 그리스도에게 속한 자라 한다는 것이니 그리스도께서 어찌 나뉘었느냐 바울이 너희를 위하여 십자가에 못 박혔으며 바울의 이름으로 너희가 세례를 받았느냐 고전 1:10-13

'끼리끼리'는 좋은 의미도 있지만, 폐쇄적인 집단을 일컫는 부정적인 말이기도 한다. 공동체에서 '끼리끼리'는 가장 위험한 행동이다. 무리에 들지 않은 사람들을 배제하거나 공격하고 심지어 집단적 왕따까지 행하게 만든다.

교회에 공동체를 가장한 '끼리'가 있다. '같은 동향' '같은 소그룹' '같은 사역팀' '같은 동네' '같은 직업' '같은 동아리'… 공동체와 끼리는 종이 한 장 차이지만, 결과는 천양지차다.

하나님의 공동체는 하나님의 마음이 중심이지만, 끼리

는 하나님의 마음보다 취미, 관심, 유익 등 내가 좋아하고 원하는 것이 중심이다. 아무리 마음이 맞더라도 하나님의 마음이 없는 공동체는 끼리로 전락할 위험성이 있다. 바울은 그런 끼리 문화를 책망했다.

고린도교회의 분쟁에는 집단화된 끼리의 문화가 있었다. 당시 고린도교회의 영적 지도자인 아볼로를 따르는 무리와 바울을 추종하는 무리, 그리고 베드로에게 영향을 받은 무리, 예수님의 지상 사역 때 영향을 받은 무리가 서로 자기 주장(자기 의)이 옳다고 펼으로써 고린도교회를 어려움에 빠뜨렸다.

오늘날 분쟁을 겪는 교회의 문제도 이와 다르지 않다. 초신자가 교회를 소란케 하지 않는다. 대부분 오래된 성도나 목회자, 중직자들이 자기 신념이나 유익을 하나님의 정의로 둔갑시켜서 분쟁이 일어난다. 사탄의 농락에 놀아난 것이다.

실제로 셀원들이 '끼리 무리'(자신들은 그리스도의 몸이라고 생각함)가 되어 다른 지체(새가족이나 다른 셀)에게 폐쇄적이거나 공격적인 모습을 보이는 교회가 꽤 있다. 이들은 코이노니아 공동체가 아니다. 그냥 부정적인 집단이다.

비난과 비판

> 비판을 받지 아니하려거든 비판하지 말라 너희가 비판하는
> 그 비판으로 너희가 비판을 받을 것이요 너희가 헤아리는 그
> 헤아림으로 너희가 헤아림을 받을 것이니라 마 7:1-2

예수님은 비판하지 말라고 하셨다. 인간은 누구나 비판받는 것을 싫어한다. 비난이나 비판으로 받은 상처는 복수심에 불타게 해서 자신을 파괴시킨다. 비판은 '하는 자'와 '받는 자' 사이에 온도 차이가 있다. 비판하는 사람은 그렇지 않더라도 비판받는 사람은 심각한 충격을 받는다. 비난이나 비판은 상대방의 약점을 파고드는 가시와 같아서 누구든지 아프다.

비판을 잘하는 사람은 '너를 사랑하기 때문에' '널 위해서'라고 포장하지만 장미꽃이 아무리 화려해도 가시에 찔리면 아픈 것은 마찬가지다. 비난이나 비판은 교만과 자기 의에 뿌리를 두고 있다.

비난과 비판은 공동체에 덕을 세우기보다 분열을 가져온다. 건강한 공동체와 그렇지 않은 공동체의 차이는 서로가 세워 주는가 그렇지 않는가에 있다.

만일 셀에서 문제가 있는 지체가 있으면 어떻게 하는

것이 좋을까?

첫째, 내가 남을 판단할 만한지 먼저 나를 돌아봐야 한다.

예수님이 "어찌하여 형제의 눈 속에 있는 티는 보고 네 눈 속에 있는 들보는 깨닫지 못하느냐 보라 네 눈 속에 들보가 있는데 어찌하여 형제에게 말하기를 나로 네 눈 속에 있는 티를 빼게 하라 하겠느냐 외식하는 자여 먼저 네 눈 속에서 들보를 빼어라 그 후에야 밝히 보고 형제의 눈 속에서 티를 빼리라"(마 7:3-5)고 하신 것처럼 자신을 먼저 돌아보지 않으면 사람을 살리는 것이 아니라, 상대방을 절망에 빠뜨릴 수 있다.

아무리 필요하더라도 상대방을 평가하는 기준이 나의 의나 내 신념이라면 이것은 '올바름'이라는 포장지에 숨긴 조종일 뿐이다.

둘째, 먼저 '아버지의 마음으로' 기도해야 한다. 사랑이 없는 권면은 결코 상대방을 변화시킬 수 없고 관계만 악화시킨다. 바울은 "내게 주신 은혜로 말미암아 너희 각 사람에게 말하노니 마땅히 생각할 그 이상의 생각을 품지 말고 오직 하나님께서 각 사람에게 나누어 주신 믿음의 분량대로 지혜롭게 생각하라"(롬 12:3)고 했다. 아버지의 마음으로 지체를 보면 상대방의 약점보다 장점이 더 많이 보인다. 머리이신 예수님께 기도할 때 성령님의 지혜를 배울 수 있다.

셋째, 상대방의 상황과 원인을 알아본 후에 역지사지한다.
그렇다면 비난이나 비판보다 이해와 용납의 마음으로 다
가갈 수 있다. 아무리 객관적으로 말하더라도 상대방이
비난이나 비판으로 듣는다면 상처가 될 수 있다.

> 그러므로 남을 판단하는 사람아, 누구를 막론하고 네가 핑계
> 하지 못할 것은 남을 판단하는 것으로 네가 너를 정죄함이니
> 판단하는 네가 같은 일을 행함이니라 이런 일을 행하는 자
> 에게 하나님의 심판이 진리대로 되는 줄 우리가 아노라 이런
> 일을 행하는 자를 판단하고도 같은 일을 행하는 사람아, 네가
> 하나님의 심판을 피할 줄로 생각하느냐 롬 2:1-3

비난이나 비판을 자제하는 방법은 먼저 자신을 정직하
게 보는 것이다. "아무 일에든지 다툼이나 허영으로 하지
말고 오직 겸손한 마음으로 각각 자기보다 남을 낮게 여
기고"(빌 2:3)라고 했듯이 남의 잘못을 말하기 전에 자신의
모습을 비춰 봐야 할 것이다.

무관심

요즘 혼자 살다 죽은 뒤 몇 개월 만에 발견되었다는 뉴스를 심심치 않게 본다. 나 외에 주변을 돌아보지 않는 차가운 시대에 살고 있다. 교회도 예외는 아니다.

교회를 떠나거나 이단에 빠진 사람들의 상당수가 공동체의 무관심 때문이라는 통계가 있다. 교회는 사랑을 말하지만 소외된 그들은 갈 곳이 없다. 하나님은 지도자가 연약한 백성을 돌보지 않는 것을 죄로 여기신다. "너희가 그 연약한 자를 강하게 아니하며 병든 자를 고치지 아니하며 상한 자를 싸매 주지 아니하며 쫓기는 자를 돌아오게 하지 아니하며 잃어버린 자를 찾지 아니하고 다만 포악으로 그것들을 다스렸도다"(겔 34:4)는 오늘 우리 교회를 향해 하시는 말씀이다. 무관심은 몸을 병들게 하여 결국 죽게 만든다.

> 누가 이 세상의 재물을 가지고 형제의 궁핍함을 보고도 도와줄 마음을 닫으면 하나님의 사랑이 어찌 그 속에 거하겠느냐 자녀들아 우리가 말과 혀로만 사랑하지 말고 행함과 진실함으로 하자 요일 3:17-18

성도는 그리스도의 몸된 지체의 얼굴 표정, 걸음걸이,

목소리 등에 관심이 있어야 한다.

"뭐 알아서 잘 하겠지. 내가 이런 말하는 게 간섭하는 것 같아서…."

도시문화가 발달할수록 개인주의는 사생활 존중, 사생활 침해라는 가면을 쓴 채 교회 공동체를 침투하고 있다. 이것은 공동체를 무너뜨리려는 사탄의 계략이다. 사랑의 적은 무관심이라는 사실을 그리스도의 몸된 지체는 항상 기억해야 한다. 오늘날 많은 성도가 무관심으로, 심지어 매주 만나는 셀원 간에도 하나님의 사랑은커녕 사랑이 없는 바리새인과 같은 모습을 보이고 있다.

"자기 믿음은 자기가 지켜야죠."

이 말은 동생 아벨을 찾으시는 하나님께 가인이 "내가 그를 지키는 자입니까?"(창 4:9)라고 대꾸했던 것과 다를 게 없는 말이다. 발바닥에 가시가 박히면 손과 발이 '나 몰라라' 할 수 없고, 암세포가 생기면 온몸의 기관이 '나 몰라라' 할 수 없다.

너희는 그리스도의 몸이요 지체의 각 부분이라 고전 12:27

그래서 예수님은 무관심을 책망하셨다(마 25:34-46). 우리는 사랑을 말하지만, 사랑에 목마른 사람들이 얼마나 많은가. 사탄은 나를 사랑하는 사람을 사랑하고, 내가 하고 싶은 사랑을 하라고 미혹한다. 이것의 목적은 공동체의 사랑을 변질시키는 것이다.

지적과 권면

지적받는 것을 좋아하는 사람은 없다. 이유 있는 지적이라도 '너나 잘해라' 하는 반감이 생긴다. 무시당했다고 여기기 때문이다. 그래서 지혜롭지 못한 지적은 분노와 갈등을 유발한다.

지적이 필요할 때는 즉흥적인 것보다 충분한 때를 기다렸다가 인격적으로 권면해야 한다. 이때 권면은 그리스도의 사랑으로 하며, 섬김과 솔선수범을 통해 그 마음이 전해지도록 해야 한다. 상대방의 눈높이를 맞춰 알아듣도록 하며, 상대방의 인격에 상처 주지 말아야 한다. 뿐만 아니라 나 자신을 먼저 충분히 돌아본 후에 권면하며, 편안하게 받을 수 있도록 마음의 여유가 있을 때 말한다.

바울은 상대방에게 먼저 감사한 마음을 나눈 후에 권면했다. 권면은 상대방이 받아들일 만한 충분한 신뢰가 필요하다.

형제들아 내가 너희를 권하노니 권면의 말을 용납하라 내가 결국 지적과 권면은 상호 간에 신뢰가 중요하고 누구의 관점으로 이해하느냐가 관건이다. 릭 워렌(Rick Warren) 목사는 "권면이 단순히 비난하는 것이 되어서는 안 된다. 서로의 권면을 통해서 우리가 보다 성숙한 행동을 취하고 하나님의 목적을 다시 상기할 수 있도록, 권면은 긍정적이고 회복시키는 것이어야 한다. 권면은 회복시키기 위한 훈계다. 그러므로 권면을 받는 사람이 잘못을 고칠 수 있도록 우리는 겸손한 마음과 자애로운 말로 사랑의 권면을 해야 한다. 우리가 서로 진리를 말하고 서로 권면하는 근거는 우리 모두는 서로 한 지체라는 사실에 있음을 주목하라"('공동체를 세우는 삶' 중에서)고 했다. 우리는 지체에게 사랑이 없는 권면이 되지 않도록 기도로 지혜를 구하고, 하나님의 지혜를 들을 수 있도록 항상 열린 마음을 가져야 한다.

빈정댐(비꼬는 말)

공동체에서 조심해야 할 말 중 하나가 빈정대는 말이다. 성경은 빈정거리는 것에 대해 단호한 모습을 보인다.

혀는 능히 길들일 사람이 없나니 쉬지 아니하는 악이요 죽이
는 독이 가득한 것이라… 그러나 너희 마음속에 독한 시기와
다툼이 있으면 자랑하지 말라 진리를 거슬러 거짓말하지 말
라 약 3:8, 14

빈정대는 말은 다른 사람의 결점을 부각시켜 씻을 수
없는 상처를 주거나 편견을 갖게 한다. 별 생각 없이 던
진 말이지만, 상대방은 심한 모욕감을 받을 수 있다. 이것
이 쓴 뿌리가 되어 상한 감정이 되면 왜곡된 인격을 초래
하기도 한다. 빈정대는 유머 자체가 왜곡된 마음 밭에서
자란 열매다. 빈정대는 말투가 유머로 받아들여지는 공동
체는 오래가지 않는다. 특히 셀에서라면 사람들이 상처를
받고 그 공동체를 떠나게 된다.

또 무엇을 하든지 말에나 일에나 다 주 예수의 이름으로 하고
골 3:17

분노

"나는 욱하는 성격 때문에…."

분노를 다스리지 못해 실패한 사람들을 종종 본다. 분
노는 자기에게 쏘는 화살이다. 독일의 아돌프 히틀러(Adolf

Hitler)가 전쟁에서 패배한 근본 이유는 그의 분노 때문이라고 한다. 그는 머리가 명석하고 비상한 통찰력을 가졌지만, 너무 화를 잘 내고 조금만 비위가 상해도 걷잡을 수 없는 분노를 쏟아냈다. 이 때문에 부하들은 제대로 보고할 수 없어 허위보고를 많이 했다. 1944년 6월 연합군이 노르망디 상륙을 감행했을 때 독일의 기갑사단만 동원해도 저지할 수 있었다. 하지만 그의 부관이 낮잠을 자는 히틀러를 깨웠다가는 어떤 화를 입을지 몰라 깨우지 않았다가 패망하고 말았다. 이처럼 분노는 자신을 죽일 뿐만 아니라, 주변 사람들에게 고통을 준다.

분노는 자라온 환경에 의해 조절 능력이 훼손된 경우가 많다. 부모로부터 사랑받지 못한 자녀, 성숙하지 못한 부모의 가정교육, 화를 자주 내거나 거친 부모의 행동, 인정받지 못했던 청소년 시기, 특히 결손 가정에서 자란 아이들은 분노를 쉽게 표출한다. 이들은 대체로 자신이 받은 것을 타인에게 되갚는 식으로 분노를 쏟아 낸다. 심해지면 통제할 수 없는 늪이 되고 만다.

> 노하기를 더디하는 자는 용사보다 낫고 자기의 마음을 다스리는 자는 성을 빼앗는 자보다 나으니라 잠 16:32

살면서 화를 안 내는 사람은 없지만 모든 사람이 화를 폭발하지는 않는다. 화를 다스릴 수 있는 사람이 건강한 사람이다. 그래서 바울은 분을 내어도 죄를 짓지 말며 해가 지도록 분을 품지 말라고 했다(엡 4:26).

《숨겨진 감정의 회복》의 저자 아치볼드 하트(Archibald D. Hart)는 분노를 벗어나는 방법에 대해 "당신이 자주 화내는 편이라면, 자신이 느끼는 분노가 불필요하다는 것과 지레짐작하는 태도를 조금만 바꾸어도 분노에서 벗어날 수 있음을 알게 될 것이다. 기도, 묵상, 경건의 시간을 통해 좌절과 다른 사람의 불완전함을 견디는 내성을 기르라"고 충고했다. 다시 말해 분노가 상황을 바꿀 수 없고, 자기 자신만 병들게 한다는 것을 알고, 매일 성령님께 마음의 평화를 위해 기도하라는 것이다.

분노는 원인과 상관없이 사탄이 가장 좋아하는 먹잇감이다. 그리스도의 몸된 지체가 공동체를 세워 갈 때 사탄이 분노의 지뢰를 곳곳에 설치한다는 것을 기억하라.

8주 차 핵심 습관 체크

NO	큐티	기도	은혜와 감동
Day 50	☐	☐	
Day 51	☐	☐	
Day 52	☐	☐	
Day 53	☐	☐	
Day 54	☐	☐	
Day 55	☐	☐	
Day 56	☐	☐	

개인 적용

• 새롭게 깨달은 부분은 무엇인가?

• 일주일 동안 기도와 말씀을 통해 받은 은혜는 무엇인가?

8주 차 셀모임

◇ Welcome(환영)
- 제일 잘 만드는 음식이나 요리를 이야기해 보라.

◇ Worship(찬양)

◇ Word(말씀)
- 새롭게 발견한 것이 있는가?
- 8주간 훈련을 받으며 어떤 영적 변화가 있었는가?
- 셀에서 다른 사람에게 싫은 소리를 해본 적이 있는가? 그때 반응에 대해서 이야기해 보라

◇ Work(사역)
- 후원자 기도
- 서로 지치지 않도록 기도한다.
- 함께 기도하기
- 잘못된 나의 행동으로 상처받은 사람들을 위해 기도한다.
- 새로운 영적 습관을 위해 기도한다.
- 리더 자신을 위해 기도한다.
- 새로운 습관이 익숙해지는 지체도 있지만, 여전히 어려운 지체도 있다. 격려하며 서로를 위해 기도한다.
- 성령님이 이 모임을 이끌어 가시도록 기도한다.

후원자 과제

- 먼저 큐티와 기도를 매일 하고 단톡방에서 은혜를 나눈다.
- 단톡방에 응원의 댓글을 단다.
- 후원자와 진솔한 관계를 유지한다.
- 새로운 핵심 습관을 갖게 된 후원자는 자신의 또 다른 긍정적인 변화를 다른 후원자와 나눔으로 그들이 용기를 얻을 수 있도록 격려한다.
- 9주 차 주제를 읽도록 서로 격려한다.

리더로서 역량 갖추기

Day 57-63 •   핵심 습관 성숙기 1

매일 성령님의 인도를 받다

리더가 돌아봐야 할 관계들

리더십의 대가 로버트 클린턴(Robert Clinton) 교수는 리더를 "하나님의 능력을 받아, 하나님의 사명을 가지고, 하나님의 백성들로 하여금, 하나님의 뜻을 실현시켜 가도록 돕는 사람"이라고 했다. 다시 말해 일반적인 리더와 달리 성경적인 리더는 자기 목표나 자기 능력을 드러내는 지도자가 아니라, 하나님의 능력을 힘입어 하나님의 목적을 이루는 사람이다. 그런 면에서 리더는 하나님 중심이어야 한다.

모든 조직이나 공동체에 리더가 중요시 되는 것은 그만큼 리더의 역량에 따라 그룹의 존폐가 좌우되기 때문일 것이다. 성경적 리더십은 리더의 건강한 관계를 요구하는데, 그러기 위해 **첫째, 나와 하나님의 관계가 온전해야 한다.**

인간은 상대적이기 때문에 선(善)의 기준을 하나님으로부터 출발하지 않으면 안 된다. 어떤 곳에선 선인데 다른 곳에서는 악이 될 수 있고, 예전에 선이던 것이 지금은 악이 될 수도 있다. 따라서 선은 하나님이 기준이어야 한다.

성도에게 가장 필요한 것은 선하신 하나님과의 온전한 관계다. 하나님과의 관계가 왜곡된 사람은 하나님에 대한 두려움과 불신이 있다. 특히 공의의 하나님에 치우쳐 있는 사람은 하나님을 진노의 하나님, 심판의 하나님, 가혹한 하나님으로 오해한다. 그래서 하나님과 인격적 사랑의 관계, 친밀한 관계를 이해하지 못한다. 그에게 하나님은 달리는 말에 끊임없이 채찍질하시는 하나님이기 때문이다.

둘째는 자신과의 관계다. 자신을 사랑하지 않는 사람은 어떤 사랑도 이해하지 못한다. 어릴 때 왜곡된 환경이나 깨어진 관계 속에 있었던 사람은 낮은 자존감으로 자신을 사랑하지 않거나 지나치게 자신에게 애착한다. 감정 기복이 롤러코스터 같고 공격적이며 괴팍스러워 사람들과 자주 부딪힌다. 이런 사람은 누군가를 사랑하는 데 어려움이 있다.

예수님은 "네 이웃을 네 자신같이 사랑하라"(마 22:39)고 하셨다. 자신을 사랑하지 않는 사람은 다른 사람을 사랑할 수 없는 것이다. 상처와 아픔, 패배의식, 자기 학대에서 벗어나 나를 누구보다 사랑하시는 하나님을 발견하고 자신을 존귀하게 여길 줄 아는 것이 나를 사랑하는 것이다. 우리는 "야곱아 너를 창조하신 여호와께서 지금 말씀하시느니라 이스라엘아 너를 지으신 이가 말씀하시느니라 너는 두려워하지 말라 내가 너를 구속하였고 내가 너를 지명하여 불렀나니 너는 내 것이라"(사 43:1)고 하신 하나님의 사랑을 뼛속 깊이 경험해야 한다.

죄는 끊임없이 양심을 왜곡시켜 하나님 닮기를 거부하고, 왜곡된 자아상을 조정하여 불안과 불신, 좌절에 휘둘리게 한다. 왜곡된 자아에 갇히지 않으려면 매일 성령님의 인도하심 속에 있어야 한다. "나를 인정하고 존중하되, 나를 과신해서는 안 되고, 나를 절대적으로 믿어서도 안 된다. 우리는 오직 하나님 안에서만 온전하기 때문이다"

라고 고백한 어느 성도처럼 항상 말씀과 기도로 자신을 다스려야 한다.

셋째는 다른 사람과의 관계가 건강해야 한다. 성품은 다른 사람에게 드러나는 내 모습이다. 성도는 사람을 대할 때 주께 하듯 해야 한다. "교회 다니는 사람이 더하다"는 말을 들을 때가 많다. 성도는 사람을 대할 때 사랑과 감사, 그리고 배려하는 마음으로 하나님의 사랑을 드러내야 한다. 눈앞에 이익과 유익을 좇느라 세상 사람과 구별되지 않는다면, 이웃 사랑은 울리는 메아리일 뿐이다. 손해를 감수하더라도 그리스도의 사랑으로 사랑하는 것이 성도의 모습이다.

> 또 눈은 눈으로, 이는 이로 갚으라 하였다는 것을 너희가 들었으나 나는 너희에게 이르노니 악한 자를 대적하지 말라 누구든지 네 오른편 뺨을 치거든 왼편도 돌려 대며 또 너를 고발하여 속옷을 가지고자 하는 자에게 겉옷까지도 가지게 하며 또 누구든지 너로 억지로 오 리를 가게 하거든 그 사람과 십 리를 동행하고 네게 구하는 자에게 주며 네게 꾸고자 하는 자에게 거절하지 말라 마 5:38-42

넷째는 나와 공동체의 관계를 돌아봐야 한다. 공동체는 다양한 사람들이 모이다 보니 불편한 일이 많을 수 있다. 그럼에도 우리는 모두 그리스도의 몸이므로(고전 12:27) 불편하더라도 이런 다양성을 받아들여야 한다. 빨강, 주황, 노랑, 초록, 파랑, 남색, 보라색이 섞이면 검정색이 되지만, 하나님의 공동체는 검정색이 아니라 각자의 색을 유지한 채 하나가 된다. 이것이 하나님의 공동체의 하나 됨이다. 상대방의 차이와 다름을 내 관점으로 판단하거나 조정하지 않고 상대방의 관점에서 다시 한 번 생각할 때 공동체는 더욱 아름답게 세워진다.

리더의 6가지 덕목

첫째, 리더는 섬김이 있어야 한다.

예수님은 "인자가 온 것은 섬김을 받으려 함이 아니라 도리어 섬기려 하고 자기 목숨을 많은 사람의 대속물로 주려 함이니라"(막 10:45)고 이 땅에 오신 목적을 분명히 하셨다. 예수님의 섬김을 통해 복음은 우리에게 하나님의 선물이 되었고, 교회 역시 섬김의 공동체가 되었다.

리더가 섬김을 부담스러워하는 것은 사람에 대한 부담도 있지만, 자신에게 그럴 능력이 없다고 생각하기 때문이다. 그러나 섬김은 리더만의 것이 아니라, 그리스도의 몸된 모든 지체가 갖추어야 할 의무다. 그리스도의 몸으로서 일방적이고 수직적인 섬김이 아니라, 서로 섬기고, 서로 책임지는 수평적인 섬김이 요구되는 것이다.

흔히 부모의 사랑을 내리사랑 혹은 일방적인 사랑이라고 하지만 부모의 사랑도 부모의 뜻을 따르지 않는 자녀에겐 결코 쉽지 않다. 부모와 자녀 사이에는 상호작용이 존재하기 때문이다. 섬김도 일방적인 헌신이 아니라, 상호작용의 사랑으로 해야 한다. 리더의 헌신으로 지체가 영적 성장을 보일 때, 리더 역시 하나님의 은혜를 경험하고 함께 성장하게 된다. 그러므로 섬김은 예수님 안에서 함께 나누는 사랑의 실천이다.

바울이 복음 안에서 성장한 디모데나 디도와 같은 제자에게 보람을 가진 것처럼, 섬김은 섬김을 통해 또 다른 은혜를 나눈다. 섬김이 예상 밖의 결과를 초래했을 때 상실감 같은 감정이 들겠지만 그럼에도 섬김만으로 만족하는 법도 배워야 한다.

> 내가 너희에게 행한 것같이 너희도 행하게 하려 하여 본을
> 보였노라 요 13:15

제자의 길을 가는 우리에게 본이 되신 예수님의 섬김은 선택이 아니라 책임이다. 흔히 사람들은 리더십 하면

도전적이고 열정적인 것을 떠올리는데, 리더가 너무 강하면 공동체에 득(得)보다 실(失)이 더 많을 수 있다. 사역 중심이다 보니 지체에 대한 관심과 돌봄을 놓치기 쉽기 때문이다.

공동체에서 리더는 앞서 이끌어 가는 자가 아니라, 함께 동행하며 짐을 지는 사람이다. 섬김의 리더십이 겉으로는 유약해 보이지만 제일 강한 힘을 가진 최고의 리더십이다.

둘째, 리더는 모범이 되어야 한다.

사람들은 입으로 지휘하는 자를 인정하지 않는다. 흔히 자녀에게 최고의 교육자는 부모라고 말한다. 자녀는 부모의 거울이다. 자녀는 부모의 말과 행동, 심지어 생각까지 닮는다. 마찬가지로 셀에서 지체는 리더의 거울이다. 지체들은 리더의 신앙과 세계관, 윤리관을 배우고 닮게 된다.

훌륭한 리더는 전인적인 삶의 모범이 된다. 성경을 많이 알고 기도를 많이 한다고 좋은 리더가 아니라, 말씀을 따라 순종하는 성도가 좋은 리더다. 이것을 지체들이 배우고 따른다.

바울은 자신이 그리스도를 본받은 것처럼 나를 본받으라고 했다(고전 11:1). 물론 바울은 훌륭한 리더다. 그러나 바울이 지도자로서 좋은 조건을 갖추었기 때문에 훌륭한 리더가 아니라, 예수님을 본받았기 때문에 훌륭한 리더다. 우리가 본받아야 할 것은 예수님을 본받는 바울의 희생과 헌신 그리고 십자가를 지는 모습이다. 이 모습이 다른 지체의 본이 된다.

셋째, 리더는 겸손해야 한다.

리더는 항상 교만한 마음을 경계해야 한다. 어거스틴(St. Augustine)은 자신이 겸손하다고 생각하는 것이 교만이라고 했다. 흔히 자신을 잘 드러내지 않고 조용한 사람을 겸손한 사람이라고 말하는데, 그렇지 않다. 조용하고 차분한 것이지 겸손한 것은 아니다. 우리는 예수님을 통해서만 겸손을 배울 수 있다. 예수님은 하나님과 동등하나 우리를 구원하기 위해 자신을 비워 하늘 보좌에서 내려오셨다(빌 2:6-7). 이것이 겸손이다.

> 스스로 말하는 자는 자기 영광만 구하되 보내신 이의 영광을 구하는 자는 참되니 그 속에 불의가 없느니라 요 7:18

인종차별을 없앤다는 좋은 의도에서 시작된 남북전쟁이 7년 이상 계속되면서 링컨은 고민에 빠졌다. 하루는 집무실에서 밤을 새워 간절히 기도했다.

"하나님, 당신께서 저에게 힘을 주시지 않으면 저는 아무것도 할 수가 없습니다. 저는 하나님의 영광을 위하여 이 싸움을 시작했습니다. 부디 하나님의 뜻을 이루어 주십시오."

기도 후 집무실에서 나오자 밤새 문 밖에 서 있던 장관이 링컨에게 말했다. "하나님께서 저희 편이라면 얼마나 좋을까요?" 그때 링컨의 대답은 이랬다. "저는 하나님께서 저희 편이라는 것을 의심하지 않습니다. 다만 내가 하나님 편에 서 있는가, 이것을 걱정할 뿐입니다." 이처럼 겸손은 하나님을 알고, 그분의 뜻대로 사는 것이다.

주 앞에서 낮추라 그리하면 주께서 너희를 높이시리라
약 4:10

넷째, 리더는 목양자다.

흔히 성도의 목양은 목회자의 몫이라고 생각하지만 그렇지 않다. 예수님이 베드로에게 부탁하신 "내 양을 먹이라"는 베드로와 같은 제자, 오늘날로 말하면 목회자나 사역자에게만 해당되는 말씀이 아니라 예수님을 믿는 모든 사람에게 하신 말씀이다. 아비가 아이를 양육할 의무가 있는 것처럼 목양은 영적 아비와 영적 청년의 특권이자 책임이다.

> 아이들아 내가 너희에게 쓴 것은 너희가 아버지를 알았음이
> 요 아비들아 내가 너희에게 쓴 것은 너희가 태초부터 계신
> 이를 알았음이요 청년들아 내가 너희에게 쓴 것은 너희가 강
> 하고 하나님의 말씀이 너희 안에 거하시며 너희가 흉악한 자
> 를 이기었음이라 요일 2:14

그렇다면 목양의 영역은 어디까지일까? 결론적으로 말한다면, 가정에서 아이의 성장에 필요한 모든 지원이 다 목양에 적용된다. 초신자에게 신앙생활은 낯설고 부담스럽다. 이때 리더와 영적 청년이 할 목양은 신앙생활(정착)에 필요한 것을 지원하는 것이다. 기도와 심방, 상담, 일대일 성경공부 등 영적 성장에 필요한 모든 것이 목양이다.

만일 타 교회에서 온 신자라면 개인의 신앙생활보다 공동체 생활에 익숙하도록 돕는 것이 목양이다. 예를 들면, 양육 훈련을 받도록 하고 연약한 지체를 함께 돕는 등 공동체에 정착하도록 돕는 것이다.

다섯째, 리더는 중보기도자다.

중보기도는 성령님의 뜻에 따라 다른 지체를 위해 기

도하는 것으로, 기도는 성령님이 친히 기도하는 자들에게 가르치신다.

> 모든 기도와 간구를 하되 항상 성령 안에서 기도하고 이를
> 위하여 깨어 구하기를 항상 힘쓰며 여러 성도를 위하여 구
> 하라 엡 6:18

성경에서 말하는 중재자(사 59:16)는 중보기도자다. 가장 위대한 중보자는 예수님으로, 지금도 하나님 우편에서 우리를 위해 중보하신다(롬 8:34). "또 내가 네게 이르노니 너는 베드로라 내가 이 반석 위에 내 교회를 세우리니 음부의 권세가 이기지 못하리라"(마 16:18)고 하신 것처럼 예수님은 이 땅의 교회를 통해 사탄의 현혹으로부터 성도를 보호하고 계신다.

예수님의 사랑이 없는 중보기도는 형식적 기도로 전락할 수 있다. 특히 지난주 셀모임에서 나누었던 지체의 기도 제목을 놓고 매일 기도할 뿐만 아니라, 서로의 짐을 지는 것이 영적 청년과 리더가 할 일이다.

> 너는 내게 부르짖으라 내가 네게 응답하겠고 네가 알지 못하
> 는 크고 은밀한 일을 네게 보이리라 렘 33:3

여섯째, 리더는 늘 감사하는 마음을 가져야 한다.

심리학자 로버트 에몬스(Robert Emmons)의 연구에 의하면, 고마운 것 5가지를 매일 꾸준히 기록하는 사람은 스트레스가 적고 건강하며 유쾌하고 낙천적이라고 한다. 사람들은 고마운 마음이 들면, 과거에 대한 원망이 줄고, 미래에 더욱 긍정적이 된다. 그리고 감사한 마음을 가진 사람은 더 낙관적이고 사고가 유연해서 문제 해결 능력도 뛰어날 뿐만 아니라, 자신을 괴롭히는 독가시도 부드럽게 하여 자신의 역량을 담는 그릇이 커진다고 한다.

감사는 피조물인 우리가 하나님께 표현할 수 있는 가장 아름다운 반응이자 대화요, 우리가 할 수 있는 어떤 것보다 귀하고 아름답다.

> 범사에 우리 주 예수 그리스도의 이름으로 항상 아버지 하나님께 감사하며 엡 5:20

> 범사에 감사하라 이것이 그리스도 예수 안에서 너희를 향하신 하나님의 뜻이니라 살전 5:18

범사에 감사할 때 기쁨은 갑절이 된다. 감사가 없는 신앙은 바리새인처럼 형식과 율법에 갇혀 하나님의 풍성함을 보지 못하게 된다.

리더에게 감사해야 한다. 감사는 듣는 사람을 즐겁고 행복하게 하는 힘이 있다. 이것은 리더에게도 동일하다. 대가 없이 의의 길로 인도하고 섬겨 주는 리더에게 우리는 감사해야 한다. 사랑은 쌍방이 이루어 갈 때 가장 아름다운 것처럼, 섬기고 그 섬김에 감사할 때 그 사랑은 더 온전해진다. 그러나 반대로 아무도 수고를 알아주지 않으면 힘이 빠지고 서운해진다. 특별히 한 명의 훌륭한 리더를 세우기 위해 헌신하는 목회자에게 감사해야 한다. 그 감사는 목회자를 통해 다른 사람에게 흘러갈 것이다.

뿐만 아니라 지체에게도 감사해야 한다.

> 또 두 사람이 함께 누우면 따뜻하거니와 한 사람이면 어찌 따뜻하랴 한 사람이면 패하겠거니와 두 사람이면 맞설 수 있나니 세 겹 줄은 쉽게 끊어지지 아니하느니라 전 4:11-12

나와 같은 길을 걷는 지체에게 감사해야 한다. 해준 게 없다고 생각할지 모르지만, 함께 걷는 것으로 역풍을 분산시킨다. 함께 누워 온기를 나눌 수 있는 지체가 있다는 것 자체가 고마운 일이고 의지가 된다. 성격이 맞지 않더라도 여러 개의 퍼즐이 그림을 완성하는 것처럼, 다른 지체를 통해 공동체가 더 풍성해진다는 사실을 믿고, '나'가 아니라 '우리'가 되어 준 지체에게 감사해야 한다.

겨울이면 V자로 편대를 이루어 날아가는 기러기 무리는 혼자 날아가는 새보다 적어도 71% 더 멀리 날아간다. 앞서 날아가는 기러기들이 젓는 날갯짓이 뒤따라오는 기러기에게 상승기류를 만들어 주기 때문이다.

9주 차 핵심 습관 체크

NO	큐티	기도	은혜와 감동
Day 57	☐	☐	--------------------------------
Day 58	☐	☐	--------------------------------
Day 59	☐	☐	--------------------------------
Day 60	☐	☐	--------------------------------
Day 61	☐	☐	--------------------------------
Day 62	☐	☐	--------------------------------
Day 63	☐	☐	--------------------------------

개인 적용

• 새롭게 깨달은 부분은 무엇인가?

• 일주일 동안 기도와 말씀을 통해 받은 은혜는 무엇인가?

9주 차 셀모임

◇ Welcome(환영)
- 서로의 장점을 이야기해 보라.

◇ Worship(찬양)

◇ Word(말씀)
- 새롭게 발견한 것이 있는가?
- 이번 주에 받은 은혜를 나누어 보라.
- 당신이 좋아하는 리더가 있는가? 어떤 부분이 좋은가?

◇ Work(사역)
- 후원자 기도
- 후원자에게 잘하고 있다고 격려한다. 그리고 함께 힘을 얻도록 기도한다.
- 함께 기도하기
- 새로운 영적 습관을 위해 기도한다.
- 리더 자신을 위해 기도한다.
- 새로운 습관이 익숙해지는 지체도 있지만, 여전히 어려운 지체도 있다. 격려하며 서로를 위해 기도한다.
- 성령님이 이 모임을 이끌어 가시도록 기도한다.

후원자 과제

- 먼저 큐티와 기도를 매일 하고 단톡방에서 은혜를 나눈다.
- 단톡방에 응원의 댓글을 단다.
- 후원자와 진솔한 관계를 유지한다.
- 새로운 핵심 습관을 가졌더라도 여건에 의해 흔들릴 수 있는 불완전한 시기다. 후원자 간에 무심코 옛 습관으로 돌아가지 않도록 다시 한 번 격려한다.
- 10주 차 주제를 읽도록 서로 격려한다.

Day 64-70 · **핵심 습관 성숙기 2**

상대방과 진정으로
소통하다

인간관계 전문가인 카네기(Dale Carnegie)는 인간관계 기법 여섯 가지를 제시했다. 첫째는 진심으로 관심을 가져라. 둘째, 미소를 잃지 마라. 셋째, 이름은 그 사람에게 어떤 말보다 달콤하고 중요하다는 것을 기억하라. 넷째, 잘 들어주는 사람이 되어라. 다섯째, 상대방이 흥미 있는 주제를 이야기하라. 여섯째, 상대방이 자신이 중요하다고 느끼도록 진심을 다하라. 이 여섯 가지 인간관계 기법에는 공통점이 있다. 바로 관심이다. 인간관계에서 관심은 매우 중요한 요소이며 그리스도의 몸된 공동체의 핵심이다.

셀은 사람이 모이는 곳인 동시에 부대끼는 곳이다. 서로간의 이해와 관심에 따라 긍정적인 관계가 될 수도 있고, 부정적인 관계가 될 수도 있다.

"사람을 만나는 게 이제는 두려워요."

셀의 리더가 겪는 어려움은 인간관계에서 비롯된 것들이 대부분이다. 관계를 어떻게 맺고, 어떻게 이어 갈 것인지, 그리고 갈등을 어떻게 해소할 것인지 등에서 리더는 갈등하고 어려움을 겪는다. 관계를 잘 맺고 올바르게 소통하는 것은 리더의 필수 덕목이다.

'내 말은 맞고, 네 말은 틀리다'는 생각은 불통의 주범이며 갈등을 야기한다. 관계 안에서 오해가 생길 때 먼저 상대방이 나와 다를 수 있다는 것을 인정하는 것이 해결의 실마리다. 쌍둥이도 생각이 다르고, 한 몸에 있는 열 손가락도 다르다는 사실을 잊어버리면 소통에 빨간불이 켜진다.

올바른 소통을 위해서는 상대방을 이해하려는 자세가 중요하다. 고양이는 기분이 좋으면 꼬리를 내리고, 강아지는 기분이 좋으면 꼬리를 올린다고 한다. 상대의 입장에서 생각하고 행동하는 것이 소통의 첫걸음이다.

소통의 사전적 정의는 '사물이 막힘 없이 잘 통함, 의견이나 의사 따위가 남에게 잘 통함'이다. 대부분의 사람들이 소통의 중요성은 알지만 어떻게 소통해야 할지는 잘 모른다. 교회는 물론이고 가정과 사회, 셀에서도 소통은 쉽지 않다.

소통을 위한 조건으로 동등한 눈높이가 있다. 예를 들어, 부서장이 부서원과 소통을 하려면, 동등한 위치와 상황에서 말하고 들어야 한다. 하지만 대개 상하 관계가 분명한 위치에서 소통하려 한다. 자기 자리에서 내려오지 않는 것이다. 그것은 아랫사람에게 듣는 정보나 보고일 뿐이다.

교회에서 소통의 부재는 더 심각하다. 교회의 핵심 그룹에서 결정한 프로젝트가 일방적으로 하달되는 경우가 많다. 이때 성도들은 소통의 부재를 느낀다.

올바른 소통은 동일한 입장에서, 동일한 사건을 함께 나누고 책임을 지는 것이다. 갑과 을이 소통하려면 갑은 철저하게 을과 동등한 인격과 위치에서 같은 무게감으로 의견을 나눠야 한다. 그래야 어느 한쪽으로 기울지 않는 소통이 이뤄진다.

경청을 통한 소통

소통을 위해서는 경청해야 한다. 말하는 것보다 들을 때 영향력이 크다. 9년 동안 협상가들의 능력을 연구한 한 연구소의 통계 자료에 의하면, 뛰어난 협상가는 더 많은 시간을 들여 상대의 관점을 이해하려 애쓴다고 한다. 그들은 평범한 협상가보다 21%나 더 많이 질문했고, 협상과 관련된 내용은 10% 덜 이야기했다고 한다.

경청(傾聽)의 단어에서도 소통의 지혜를 얻을 수 있다. '경'(傾)은 '상대방의 말이나 마음을 기울이다'는 뜻을 가지고 있다. '청'(聽) 자를 보면 '내 귀(耳)를 왕(王)같이 여기고, 10(十)개의 눈(目)으로 상대방을 살피며, 마음(心)은 하나(一)가 되어야 한다'는 의미다.

이처럼 상대방에 대한 배려와 관심이 없으면 올바른 경청이 안 된다. 앞서 말했듯이 보고를 소통으로 착각하는 자기중심적이고 권위적인 리더는 경청을 성가시게 생각한다. 소통은 수직적 권위를 무기로 사용하지 않고 상호 신뢰를 바탕으로 모든 사람들과 거리낌 없이 대화를 나누는 것이기 때문이다.

경청에는 5가지 유형이 있다. **첫째, 무시하는 행동이다.** 상대방이 마음에 들지 않거나 귀찮으면 못 들은 척하거나 딴전을 피운다. 그러다가 "네가 뭘 안다고" "됐어, 그만해" "알았어! 알았다니까!" 이렇게 상대방의 감정을 상하게 하여 경청이 차단되게 하는 행동이다. 경청할 준비가 전혀 안된 사람이다.

둘째, 경청을 가장한다. 딴생각하면서 듣거나, 자기감정에 빠져 생각 없이 듣는 경우다.

셋째, 선택적 경청이다. 자기가 듣고 싶은 것만 듣는 이기적인 유형으로 자기중심적 경청 중에 하나다.

넷째, 주의 깊은 경청이다. 사실에만 관심이 있고 상대방의 상황에 대해서는 관심을 기울이지 않는다. 이 같은 경청은 내용에만 관심을 갖는다.

다섯째, 공감적 경청이다. 상대방 입장에서 들을 뿐만 아니라 공감하며 듣는다. 공감적 경청은 공동체가 추구해야 할 소통법으로 귀로 듣고, 눈으로 보고, 마음으로 공감하는 듣기다.

좋은 경청법 vs. 나쁜 경청법

경청을 잘하려면 **첫째, 상대방을 바라본다.** "이야기해, 듣고 있으니까"라는 식의 경청은 상대방을 무시하거나 대화할 의지가 없는 것으로, 이런 경청은 처음부터 하지 않는 것이 좋다. 만일 바쁜 일이 있다면 먼저 일을 끝낸 후에 듣겠다고 해야 한다.

둘째, 상대방을 신뢰한다. 상대방에 대한 신뢰가 없으면, 귀담아듣지 않거나 매사에 꼬투리를 잡으려 한다. 열린 마음으로 경청하는 것이 중요하다.

셋째, 몸을 상대방 쪽으로 약간 기울이는 것이 좋다. 몸을 멀찍이 뒤로 젖히거나 팔을 옆으로 기대면서 들으면 상대방은 자신의 말이 중요하지 않은 것으로 여기게 된다. 단, 이성 간이라면 적절한 거리가 필요하다.

넷째, 무언의 대화에 귀 기울여야 한다. "안색이 안 좋은 것 같은데 괜찮으세요?" "네, 괜찮습니다." 상대방은 괜찮다고 말하지만 무언(無言)으로 드러난 속마음은 그렇지 않을 수 있다. UCLA대학의 심리학 교수인 알버트 메라비언(Albert Mehrabian) 교수가 발표한 메라비언 법칙에 의하면, 대화할 때 상대에게 전달되는 메시지는 주고받는 단어 혹은 문장이 7%, 어조와 억양이 38%, 그리고 몸짓과 표정은 55%가 전달된다고 한다. 즉 언어는 7%인 반면에 비언어(표정, 어조, 억양 등)가 93%를 차지한다는 것이다.

다섯째, 적절한 반응을 하는 것이 좋다. 경청하는 동안 적절하게 고개를 끄덕이거나 눈으로 반응할 때 상대방은 자신과 교감하는 것을 느낀다. 그러나 과장된 행동이나 진정성이 떨어진 제스처는 오히려 반감을 살 수 있기 때문에 조심해야 한다.

여섯째, 공감적 경청을 해야 한다. 사실뿐 아니라 상대방이 무엇을 생각하고, 또 어떤 상태인지 공감해야 한다. 상대방의 공감을 얻으면 자신의 감정까지 회복되는 효과가 있어 더 원활한 관계가 된다.

일곱째, 적절한 질문을 한다. 상대방의 이야기를 듣지만 말고, 적절한 질문을 겸하면 상대방이 생각지도 않은 것까지 볼 수 있다.

여덟째, 분명하지 않은 부분은 확인한다. 이해하기 어려운 용어나 상황을 잘 이해하지 못한 내용을 대충 넘어가면 나중에 오해가 생길 수 있기에 적절한 시점에 확인하는 것이 좋다.

아홉째, 경청하는 도중에 말을 끊지 않아야 한다. "사연을 듣기 전에 대답하는 자는 미련하여 욕을 당하느니라"(잠 18:13)고 했다. 많은 사람이 경청하는 중에 상대방의 말을 끊고 자신의 생각을 말해 버리는데, 조심해야 한다. 이는 상대방의 입뿐 아니라 마음까지 막는 행위이며, 그러면 정작 중요한 얘기를 듣지 못할 수 있다.

이와 더불어 경청을 방해하는 몇 가지 요소들을 살펴보면 다음과 같다.

첫째, 기질이나 성격이 서로 다른 것을 이해하지 못할 때 어

려움을 겪는다. 성격이 급한 사람은 말을 끝까지 듣지 않고 대화를 끊거나 자신이 결론을 내려 버리는 위험성이 있다.

둘째, 자기중심적이다. 내 경험에 비추어 듣거나 의도대로 편집해서 듣는다. 흔히 자기 확신이 강한 사람이 그런 경우다. 대화를 전체적으로 보지 않고 일부분 혹은 몇 개의 단어로만 보거나 상황을 왜곡 또는 자의적으로 판단한다.

셋째, 섣부른 판단이다. "의인의 마음은 대답할 말을 깊이 생각하여도 악인의 입은 악을 쏟느니라"(잠 15:28)고 했다. 자기 의가 강하거나 고집이 센 사람들이 미리 예측해서 결론부터 내려놓고 듣는 경향이 있다. "맞는 말입니다. 그러나 나는 그렇게 생각하지 않습니다." "나는 목에 칼이 들어와도 아닌 건 아니라고 말합니다." 언뜻 보면 지조가 있는 사람처럼 보이지만, 독선적인 사람이다. 이런 사람들의 특징은 상대방의 말을 인정하면 지는 것이라는 왜곡된 생각을 가지고 있다.

넷째, 듣는 척하는 행동이다. 상대방의 눈을 바라보기도 하고 고개도 끄덕이지만 실제로는 한쪽 귀로 듣고 한쪽 귀로 흘려보낸다.

다섯째, 자기가 할 말을 생각하며 듣는다. 이런 사람은 하고 싶은 말이 밀물처럼 밀려오기 때문에 경청에 관심이 없다. 상대방에게 유익한 말을 하려는 의도이지만, 상대방을 조정하려는 생각이 머릿속에 가득 차서 듣는 것을 잊어버린다.

경청에 대한 기술이 부족하면 공동체나 사람들과의 관계 형성에 어려움이 있을 수밖에 없다. 우리는 좋은 경청자가 되기 위해 자신을 거울에 비추듯이 자신의 문제점을 찾고 개선해야 한다.

질문을 통한 소통

대화를 잘 이끌어 가는 리더는 질문을 잘한다. 질문은 흔히 궁금한 것을 알고 싶을 때 한다고 생각하지만, 실제로 질문의 목적은 상대방의 생각을 여는 데 있다.

좋은 리더는 좋은 질문을 통해 문제 해결의 열쇠를 상대방에게 준다. 질문에는 닫힌 질문, 열린 질문, 미래를 열어 주는 질문, 결단 질문, 꼬리를 무는 질문이 있다.

닫힌 질문	닫힌 질문은 '예'나 '아니오'와 같이 한두 마디로 끝낼 수밖에 없거나 정답을 요구하는 질문이다. 예를 들면, "예수님의 제자는 몇 명입니까?" 정답은 '12명'밖에 없다. 이처럼 딱 떨어지는 답을 요구하는 질문이 닫힌 질문이다.

열린 질문	열린 질문은 조금 더 구체적인 대답을 이끌어 내며, 자기 견해도 말하게 하는 질문이다. "예수님은 왜 제자들을 세웠을까?" 이 질문에는 다양한 대답이 나올 수 있다. 여러 가지를 생각하도록 하는 것이 열린 질문이다.
미래를 열어 주는 질문	미래를 열어 주는 질문은 'if'(만일)라는 가상을 설정해 놓는 질문인데. 예를 들면, "만일 그 일을 준비해 놓지 않으면 앞으로 어떻게 될 것 같아요?"라고 가상을 전제로 생각하게 하는 질문이다.
결단 질문	결단 질문은 상대방에게 직설적으로 문제를 제기함으로써 자신의 문제를 파악해서 결단할 수 있도록 하는 질문으로 어느 정도 신뢰감이 있어야 한다. 신뢰가 충분하지 않은 관계에서 결단의 질문은 상대방에게 상처를 주거나 반발을 일으킬 수 있다.
꼬리에 꼬리를 무는 질문	꼬리에 꼬리를 무는 질문은 상대방의 생각을 따라가며 실타래를 찾아가게 하는 질문이다.

그렇다면 효과적인 질문을 하려면 어떻게 해야 할까?

첫째, 리더는 질문하기 전에 상대방과 어떤 신뢰 관계에 있는지를 점검해야 한다.

질문으로 정보뿐만 아니라 상대방의 마음, 영적 상황, 현실적인 문제까지 알 수 있기 때문이다. 신뢰가 없는 상태에서 상대방의 아킬레스건을 건드리는 질문을 하면 안 된다. 자칫 그날이 그와 만나는 마지막 날이 될 수 있다. 깊은 질문이 필요하면 먼저 상대방과 돈독한 신뢰 관계를 만들어야 한다.

둘째, 질문의 유연성을 가진다.

예상되는 질문을 준비했더라도 예상치 못한 방향으로 대화가 진행되면 당황스러울 수 있기에 상황을 유연하게 대처해야 한다.

셋째, 자신의 틀 안에 상대방을 가두지 않는다.

나와 생각이 다르더라도 상대방에게 내 생각을 강요해서는 안 된다. 질문은 스스로 생각하고 답을 찾도록 돕는 것이지 강요하는 것이 아니다. 상대방이 실마리를 찾지 못할 때, '미래를 열어 주는 질문'으로 다양한 길을 제시하면 스스로 방향을 찾아갈 수 있다. 내 생각을 강요하는 질문은 상대방을 해친다.

넷째, 다양한 질문을 한다.

개인 영성의 시간을 갖지 못한 셀원에게 셀 나눔의 질문은 의미가 없다. 다양한 질문을 통해 셀원이 자괴감에 빠지지 않도록 해야 한다. 셀원에게 맞는 다양한 질문은 영적 공황 상태의 원인을 찾아 스스로 하나님 앞에 갈 수 있도록 한다.

다섯째, 기다려야 한다.

좋은 질문보다 질문 후에 충분히 기다려 주는 것이 더 효과가 있다. 기다리지 않고 성급하게 판단하거나 대답을 종용하면 마음을 닫을 수 있다. 충분히 생각할 수 있도록 기다리는 것이 중요하다. 비록 대답이 기대치에 못 미치더라도 가르치거나 충고하기보다 인정하는 것이 필요하다. 물론 발전적이지 않고 반복되는 대답만 할 때는 개인적으로 충분한 시간을 두고 상담하는 것이 좋다.

여섯째, 구체적인 질문을 한다.

질문이 추상적이면 상대방은 질문의 요지를 파악하지 못한다. 정확한 질문이 정확한 답변을 이끌어 낼 수 있다.

이렇듯 효과적인 질문은 효과적인 해결 방법을 찾는 징검다리가 된다. 많은 목회자와 리더가 질문보다 조정하거나 정답을 주려는 실수를 범한다. 상대방이 준비되지 않은 상태에서 경험이 많은 리더나 목회자의 대안은 오히려 부정적인 결과를 초래할 수 있다.

대화를 통한 소통

사람들은 많은 대화를 하지만 올바른 대화, 좋은 대화에 대해 고민하는 사람은 그렇게 많지 않다. 그만큼 대화를 쉽게 생각한다. 하지만 대화는 쉬운 게 아니다. 잘못된 대화로 관계가 깨진 사람들이 얼마나 많은가. 바른 대화를 위해 진지하게 고민해야 한다.

"우리가 다 실수가 많으니 만일 말에 실수가 없는 자라면 곧 온전한 사람이라 능히 온 몸도 굴레 씌우리라"(약

3:2)고 했다. 의도하지 않은 말이 한지에 무심코 떨어진 먹물처럼 일파만파 퍼질 수 있음을 경고하는 말씀이다.

한 성당에서 주일 미사를 돕던 소년이 실수로 성찬용 포도주 그릇을 떨어뜨렸다. 그때 화가 난 신부가 소년의 뺨을 때리며 "넌 하나님께 큰 죄를 지었어. 다시는 제단에 나타나지 마!"라고 했다. 소년은 그 후 교회를 떠났고 훗날 공산국가인 옛 유고의 대통령이 되었다. 바로 티토(Josip Broz Tito)다.

이와 똑같은 상황이 다른 교회에서 벌어졌다. 그때 신부가 당황한 소년에게 이렇게 말했다. "애야! 괜찮다. 하나님도 이해해 주실 거야! 나도 어릴 때 실수가 많았단다." 이 말을 들은 그 소년은 풀턴 쉰(Fulton Sheen)으로 나중에 유명한 대주교가 되었다.

이처럼 사람은 상대방의 말 한마디에 천국을 가기도 하고, 지옥을 가기도 한다.

말은 자기 마음을 대변하는 거울이다. 예수님이 "독사의 자식들아 너희는 악하니 어떻게 선한 말을 할 수 있느냐 이는 마음에 가득한 것을 입으로 말함이라"(마 12:34)고 하신 것을 보더라도 말하는 자가 마음을 다스리지 못하면 입을 통해 독이 나올 수 있다.

어떤 사람은 "저는 화를 내기는 하지만, 뒤끝이 없어

금방 풀립니다"고 하는데, 땅에 떨어진 핵폭탄은 한 번이지만 회복하는 기간은 반세기가 될 정도로 그 피해는 상상을 뛰어넘는다. 말은 입으로 내뱉으면 그만이지만, 그 말을 들은 사람은 그때부터 가슴속이 멍들게 된다.

상처는 주로 가까운 곳에서 일어난다. "뭐 그런 것 때문에 뚱하게 있어? 그러니까 네가 속이 좁다는 말을 듣지"같은 상처 주는 말을 부부 간이나 자녀에게, 혹은 편하다는 이유로 교인이나 셀원에게 할 수 있다. 하지만 가까울수록 세심한 주의가 필요하다.

미국 가톨릭대학의 클리프 노타리우스 교수의 '백년해로한 부부와 파경을 맞은 부부'에 관한 연구에 의하면, 두 유형의 부부를 보면 부부 싸움의 빈도나 태도에는 큰 차이가 없는데, 서로 주고받는 언어는 유형별로 달랐다고 한다. 행복한 부부는 싸움을 할 때 상대방에게 상처 주는 말을 삼가고 감정 언어를 많이 사용한 반면, 실패한 부부는 말의 10%는 상처 주는 말로 상대를 굴복시키고자 했다는 것이다. 사람은 수모를 당하거나 존재감을 상실했을 때 극단적으로 변한다. 성경은 "선한 말을 하여 듣는 자들에게 은혜를 끼치게 하라"(엡 4:29)고 했다. 상대방에게 건네는 따뜻한 말 한마디가 공동체를 살리고, 아름다운 관계를 만든다는 것을 기억해야 한다.

시편 기자가 "여호와여 내 입에 파수꾼을 세우시고 내 입술의 문을 지키소서"(시 141:3)라고 고백한 것처럼 우리의 입술을 하나님이 선하게 사용할 수 있도록 해야 한다. 그리고 상대방의 눈높이에 맞춰 말하는 법을 익혀야 한다. 엄마가 이제 말을 튼 아이에게 맞는 적당한 언어를 구사하는 것처럼, 상대방을 배려하는 마음으로 그 눈높이에 맞게 대화할 때 올바른 대화로 이끌 수 있다.

특히 말투는 대화에서 가장 조심스러운 부분이다. MBC 앵커 출신인 조정민 목사는 "말을 듣는 것은 사람을 듣는 것이다. 말이 인격이고 말이 성품이기 때문이다"고 했다. 아무리 신앙이 좋고, 성실하더라도 말투가 거칠면 그 사람과 대화하고 싶지 않다.

A교회의 김 집사는 성실할 뿐만 아니라 새벽기도를 빠진 적이 없는 신실한 리더다. 하지만 그의 말투 때문에 상처받는 성도가 한둘이 아니다.

"저는 김 집사 셀에서 빼주세요. 말을 함부로 하고, 자기 맘대로 해요."

김 집사는 누구보다 좋은 리더이지만, 거친 말투와 생각 없이 툭툭 던지는 말 한마디 때문에 셀원(공동체)이 힘들어했던 것이다. 이런 말투는 진심과 상관없이 상대방에게 상처를 입힌다.

대화에는 설득과 공감이라는 방식이 있다. 상대방이 내 생각을 따르도록 하는 것이 설득이고, 내 생각에 동의하는 것이 공감이다. 예를 들면, '내 주장이 옳다'는 설득이고, '네 이야기는 재밌어'는 공감이다. 리더는 설득보다 공감을 얻는 대화를 잘해야 한다.

개그맨 장도연이 〈말하는 대로〉라는 프로그램에서 '남을 위한 나의 배려가 이기적일 수도 있다'라는 주제로 강의한 적이 있다. 그녀는 개그맨 양세찬과 같이 코너를 할 때 양세찬이 주로 아이디어를 내면 본인은 지지해 줬다고 한다. 그런데 코너가 끝날 무렵 양세찬이 "누나는 너무 자기주장이 없어. 내가 다 책임져야 해서 힘들었어"라며 서운해했다고 한다. 그때 장도연은 충격을 받았다. 자신은 양세찬을 배려해서 한 행동인데 그것이 상대를 힘들게 했기 때문이다.

그런 일이 있은 후 장도연은 일본 여행을 떠나 시모키타자와역을 찾는데 이상하게 구글 지도에 오류가 생겨 한참 동안 길을 헤매게 되었다. 마침 지나가는 일본인 아주머니에게 길을 물었더니 아주머니는 자기를 따라오라고 했다. 그런데 아주머니를 따라갈수록 지도상의 역과 더 멀어졌다. 불안했지만 그냥 따라갔더니 도착한 곳은 다른 역이었다. 사실 아주머니는 시모키타자와역을 몰랐다. 다만 자신이 아는 역을 데려다주면 거기서 찾아가겠지 생각했던 것이다. 아주머니는 장도연을 돕기 위해 한 행동이었지만 결과적으로 일을 더 곤란하게 만들었다. 그때 장도연은 비로소 양세찬이 왜 자기 때문에 힘들어했는지를 알게 되었다고 한다.

이처럼 공감을 얻기란 쉬운 일이 아니다. 내 입장에서 배려한 것이 상대방에게 오히려 부담이 될 수 있기 때문이다. 선의의 배려가 이기적인 것일 수도 있다.

가벼운 주제나 쉽게 호응을 얻을 수 있는 이슈를 가지고 대화를 시작하면 마음을 열게 되어 대화가 좀 더 쉽게 진행될 수 있다(셀모임 때 Welcome〔환영하기〕이 이런 역할을 한다). 대화 중에 상대방이 취조받는 느낌을 받는다면 곤란하다. 대화를 이끌어 가는 사람이 지나치게 열정적인 것도 상대방에게 부담을 줄 수 있다. 따라서 상대방의 반응을 살피면서 편안한 분위기를 만드는 것이 필요하다.

특히 셀모임에서 진실한 마음가짐이 중요하다. 간혹 대화를 이끌어 가기 위해 과장하거나 의미를 축소하는 등 인위적으로 인도하는 경우 대화의 진정성을 해칠 수 있다.

상대방에게 건네는
따뜻한 말 한마디가
공동체를 살리고,
아름다운 관계를 만든다는 것을
기억해야 한다.

10주 차 핵심 습관 체크

NO	큐티	기도	은혜와 감동
Day 64	☐	☐	
Day 65	☐	☐	
Day 66	☐	☐	
Day 67	☐	☐	
Day 68	☐	☐	
Day 69	☐	☐	
Day 70	☐	☐	

개인 적용

• 새롭게 깨달은 부분은 무엇인가?

• 일주일 동안 기도와 말씀을 통해 받은 은혜는 무엇인가?

10주 차 셀모임

◇ Welcome(환영)
• 전화 통화를 제일 오래한 사람은 누구이며, 얼마나 했는가?

◇ Worship(찬양)

◇ Word(말씀)
• 새롭게 발견한 것이 있는가?
• 이번 주에 받은 은혜를 나누어 보라.
• 당신은 어떤 사람과 소통이 잘되지 않는가? 그때 어떻게 하는가?
• 새로운 습관이 정착되기 시작하는 66일이 지났다. 지금까지 잘 이겨 낸 지체들을 서로 축복해 주라.

◇ Work(사역)
- 후원자 기도
• 가장 힘들었던 것을 위해 기도한다.
- 함께 기도하기
• 소통의 좋은 은사를 가질 수 있도록 기도한다.
• 새로운 영적 습관을 위해 기도한다.
• 리더 자신을 위해 기도한다.
• 새로운 습관이 익숙해지는 지체도 있지만, 여전히 어려운 지체도 있다. 격려하며 서로를 위해 기도한다.
• 성령님이 이 모임을 이끌어 가시도록 기도한다.

후원자 과제

• 먼저 큐티와 기도를 매일 하고 단톡방에서 은혜를 나눈다.
• 단톡방에 응원의 댓글을 단다.
• 후원자와 진솔한 관계를 유지한다.
• 새로운 핵심 습관을 갖게 되는 임계점을 돌파했다. 완전한 핵심 습관이 되도록 후원자 간에 다시 한 번 격려한다.
• 11주 차 주제를 읽도록 서로 격려한다.

Day 71-77 · **핵심 습관 성숙기 3**

하나님과 동행하다

셀을 시작한 지 2~3개월쯤 되면 모임에 흥미가 떨어지고, 참석하는 숫자도 눈에 띄게 줄기 시작한다. 왜 이런 현상이 일어날까?

아무리 재미있는 영화라도 똑같은 장면을 여러 번 보면 무감각해지듯이 셀도 그렇다. 처음엔 셀원의 일상이나 가정사 그리고 기도 제목을 알게 되면서 흥미로웠던 것이 시간이 지나면서 반복되는 주제와 기도 제목을 접하면서 지겨워지기 시작한다. 더구나 셀모임이 인위적으로 시작되었거나 신변잡기만 나누었다면 더욱 그럴 것이다.

"모임이 너무 재미없어요."

"그냥 잡담만 하다가 오는 거죠."

"매번 같은 기도 제목만 올라오니까 지겨워요."

셀에 흥미를 잃은 성도들에게 어떤 해결책을 내놓아야 할지 고민하는 교회들이 많다. 우리는 고민에 앞서 다시 한 번 공동체의 주인이 누구이며, 우리에게 무엇을 원하시는지에 대한 근본적인 질문부터 해야 한다.

셀(공동체)의 주인은 머리이신 예수 그리스도이며, 그분은 우리 가운데 계신다. 역동이 떨어진 셀은 이와 같은 본질을 잃어버린 게 이유다.

많은 교회가 소그룹을 조직하고, 리더가 모임을 이끌어 가도록 했다. 처음에 리더는 사명감으로 모임을 인도하지만, 시작 시점에서부터 머리이신 예수 그리스도의 관심과 그의 목적을 놓쳤기 때문에 성령이 이끄시는 셀이 되지 못했다.

셀 나눔이 일주일 동안 경험한 영적 경험이 아니라 일반적인 이야기나 단순히 성경 공부에 머물면, 머리이신 예수 그리스도가 이끄시는 나눔이 되기 어렵다. 교회의 머리이신 예수 그리스도 안에 거하고, 그분의 일하심에 우리의 시선을 맞출 때, 셀(공동체)은 흥미진진하게 하나님의 은혜를 드러내게 된다.

이를 위해 우선 리더가 매일 하나님을 만나는 경험이 있어야 한다. 이것을 놓치면 기대감이 없는 소그룹으로 전락하게 된다.

하나님과 동행하기

머리이신 예수 그리스도가 이끄시는 셀에는 조직이나 훈련보다 그리스도의 몸된 지체들이 하나님과 소통하는 영성이 더 중요하다.

누가복음에는 예수님이 십자가에 달려 돌아가신 뒤 엠마오로 가던 제자들이 예수님을 만난 이야기가 나온다. 길을 가는 동안 예수님과 이야기를 나눴지만 그들은 그분이 예수님인 줄 전혀 알지 못했다. 그러다 그들 집에 오신 예수님이 떡을 떼며 축사하시자, 그제야 비로소 예수님을 알아보았다. 최후의 만찬이 생각났던 것이다. 제자라도 예수님 안에 거하지 않으면 눈앞에 있는 예수님도 알아보지 못한다.

미국의 교회성장연구소에서 성도의 영적 성장 경로를 조사했다. 응답한 사람의 50%는 별도의 방법 없이 주일 설교를 통해 영적 성장을 꾀한다고 했다. 30%는 교회에서 개설한 훈련이나 성경 공부를 통해서라고 대답했다. 그리고 개인적인 기도나 큐티, 성경 공부를 통해 영적 성장을 꾀한다는 대답은 20%도 되지 않았다. 이것이 오늘날 성도들의 영적 현실이다.

에녹과 노아는 하나님과 동행하는 사람이었다.

> 에녹은 육십오 세에 므두셀라를 낳았고 므두셀라를 낳은 후 삼백 년을 하나님과 동행하며 자녀들을 낳았으며 그는 삼백육십오 세를 살았더라 에녹이 하나님과 동행하더니 하나님이 그를 데려가시므로 세상에 있지 아니하였더라 창 5:21-24

> 노아는 의인이요 당대에 완전한 자라 그는 하나님과 동행하였으며 세 아들을 낳았으니 셈과 함과 야벳이라 창 6:9-10

바울은 하나님과 동행한 사람은 그 안에 예수님이 거하신다고 했다.

> 그런즉 이제는 내가 사는 것이 아니요 오직 내 안에 그리스도께서 사시는 것이라 갈 2:20

예수님은 잡히시던 그날 밤에 제자들에게 성령님의 존재를 알려 주셨다.

> 내가 아버지께 구하겠으니 그가 또 다른 보혜사를 너희에게 주사 영원토록 너희와 함께 있게 하리니 그는 진리의 영이라 세상은 능히 그를 받지 못하나니 이는 그를 보지도 못하고 알지도 못함이라 그러나 너희는 그를 아나니 그는 너희와 함께 거하심이요 또 너희 속에 계시겠음이라… 보혜사 곧 아버지께서 내 이름으로 보내실 성령 그가 너희에게 모든 것을 가르치고 내가 너희에게 말한 모든 것을 생각나게 하리라
>
> 요 14:16-17, 26

초대교회에 보내진 편지나 사도행전을 보면 하나님이 그의 백성들에게 성령을 통해 반복해서 말씀하시는 것을 보게 된다. 성령님과 동행하는 성도는 항상 성령의 인도함을 받고(롬 8:14), 성령에 충만하며(엡 5:18), 성령 안에서 기도하고(엡 6:18), 성령으로 살아야 한다(갈 5:25).

그렇기 때문에 우리는 말씀과 기도로 성령님과 더 친밀한 교제를 해야 한다. 모든 성경은 성령의 감동을 받은 사람들이 하나님의 말씀을 기록한 것(벧후 1:20-21)이다. 성경은 과거의 사건이 아니라, 지금도 우리에게 말씀하신

다. 하나님은 창세기에서 요한계시록까지의 말씀을 통해 '이미' 말씀을 멈추신 것이 아니라, '지금'도 세밀하게 말씀하고 계신다.

성경

> 오직 강하고 극히 담대하여 나의 종 모세가 네게 명령한 그 율법을 다 지켜 행하고 우로나 좌로나 치우치지 말라 그리하면 어디로 가든지 형통하리니 이 율법책을 네 입에서 떠나지 말게 하며 주야로 그것을 묵상하여 그 안에 기록된 대로 다 지켜 행하라 그리하면 네 길이 평탄하게 될 것이며 네가 형통하리라 수 1:7-8

성경은 하나님이 우리에게 전하는 사랑의 편지로 하나님의 마음, 하나님의 기쁨 그리고 우리를 향한 하나님의 계획이 다 기록되어 있다. 자녀인 우리는 하나님의 편지를 가슴에 품고 읽고, 또 읽으며 하나님의 사랑을 되새겨야 한다(렘 15:16, 31:33, 겔 3:1). 시편 기자는 사랑의 편지를 언제나 읊조리며 늘 하나님 앞에 나갔다고 고백했다(시 119).

성도는 말씀으로 하나님과 더 친밀할 수 있고, 언제나 그분의 일하심을 배울 수 있다. 그런 의미에서 하나님의 말씀을 읽을 때 필요한 조건이 있다.

첫째, 조용한 시간과 장소를 확보한다. 하나님을 만나기 위해 주변 환경을 차단하고, 미리 시간을 정하는 것은 중요한 준비 중에 하나다.

둘째, 열린 마음으로 말씀을 대한다. 분석하고 연구하는 자세보다 마음을 열고 하나님의 말씀을 경청하는 것이 중요하다.

셋째, 사모하는 마음이 있어야 한다. 우리가 사랑하는 사람과 얼굴을 마주하면 기쁨을 주체할 수 없는 것처럼, 성경을 사모하는 마음으로 읽을 때 하나님의 은혜가 충만해진다.

넷째, 말씀을 읽기 전이나 읽은 후에 깊이 묵상한다. 우리의 연약함으로 하나님의 뜻과 계획을 알 수 없을 때가 많다. 말씀을 읽기 전에 성령님의 인도하심을 구하고, 읽은 후에도 성령님의 마음으로 되새길 수 있도록 한다.

다섯째, 하나님께 감사한다. 인생의 길이를 1mm도 움직일 수 없는 우리를 하나님이 택하시고, 하나님 나라의 일꾼으로 삼으신 것에 감사해야 한다.

여섯째, 하나님을 경외한다. 하나님의 위대하심과 그의 사랑을 접할 때, 우리는 그분의 위대하심에 무릎을 꿇고 예배하는 예배자가 된다.

일곱째, 말씀에 순종해야 한다. 말씀을 읽는 것으로 만족하는 것이 아니라, 말씀대로 순종하고 그렇게 사는 것이 성령님이 이끄시는 백성의 모습이다.

기도

하나님은 우리가 필요한 것이 무엇인지 알지만 우리가 기도로 간구하기를 원하신다. 기도는 성도에게 가장 강력한 무기(막 9:29)인 동시에 하나님의 마음과 합하는 절대적인 힘(약 5:16)이다.

> 너희가 내 이름으로 무엇을 구하든지 내가 행하리니 이는 아버지로 하여금 아들로 말미암아 영광을 받으시게 하려 함이라 내 이름으로 무엇이든지 내게 구하면 내가 행하리라
> 요 14:13-14

기도는 하나님께 나의 필요를 구하는 것이 아니라 하나님을 발견하고, 그분을 더 깊이 알아 가는 것이다. 철학자 키르케고르(Sören Kierkegaard)는 "기도는 하나님을 변화시키는 것이 아니라, 기도자를 변화시킨다"고 했다.

하나님을 알아 가는 것은 성도된 우리에게 중요하다. 우리는 하나님과 내 뜻이 다를 때 떼를 쓰기 위해 기도하

지만, 하나님은 말씀과 기도를 통해 철없는 우리에게 하나님의 계획과 일하심을 볼 수 있도록 하신다. 기도자에게 중요한 것은 하나님의 일하심에 감사하며 순종하는 것이다.

기도에는 여러 가지가 있는데, 특히 공동체 기도에는 합심기도와 대화식 기도가 있다.

합심기도

합심기도는 두세 사람이 그리스도의 몸된 지체로서 연합하여 드리는 기도로 공동체 기도라고도 한다. 베드로가 옥에 갇혔을 때 성도들이 그를 위해 기도한 것(행 12:5-12)과 마리아와 예수님의 동생들이 예수님이 승천하신 후에 함께 기도한 것(행 1:14)이 합심기도의 대표적인 사례다. 두세 사람이 합심하여 기도할 때 하나님이 들어주신다고 하셨다. 합심기도는 능력이 크다.

> 진실로 다시 너희에게 이르노니 너희 중의 두 사람이 땅에서 합심하여 무엇이든지 구하면 하늘에 계신 내 아버지께서 그들을 위하여 이루게 하시리라 마18:19

합심기도에서 중요한 것은 그리스도의 몸의 하나 됨이

다. 아무리 여러 사람이 기도하더라도 성경 말씀처럼 한 몸을 이루지 않으면, 합심기도는 온전한 능력을 발휘할 수 없다. 그리스도의 몸된 지체가 한 몸을 이루는 기도가 합심기도이기 때문에 두 번째 계명인 내 이웃을 내 자신 같이 사랑하는 하나님의 코이노니아가 전제되어야 한다.

> 진실로 너희에게 이르노니 무엇이든지 너희가 땅에서 매면 하늘에서도 매일 것이요 무엇이든지 땅에서 풀면 하늘에서도 풀리리라 진실로 다시 너희에게 이르노니 너희 중의 두 사람이 땅에서 합심하여 무엇이든지 구하면 하늘에 계신 내 아버지께서 그들을 위하여 이루게 하시리라 두세 사람이 내 이름으로 모인 곳에는 나도 그들 중에 있느니라 마 18:18-20

대화식 기도

또 다른 공동체 기도인 대화식 기도는 모임의 머리이신 성령님이 이끌어 가시는 기도로 지체들이 대화하듯이 서로 자유롭게 이어 가는 기도다. 대화식 기도를 통해 지체들이 서로에게 덕을 세울 수 있다.

대화식 기도는 주 안에서 하나님의 처소가 된 성도의 기도로 지체 간의 연결됨(엡 2:21)이 아주 중요하다. 연결되었다는 말은 몸의 뼈, 근육, 신경, 혈관 등이 연결된 것으로, 지체가 인격적 관계나 영적 관계가 끊어지지 않고 원활하게 소통되는 것이 기본이다. 만일 인격적 관계나 영적 관계가 끊어져 있으면 지체의 상황이나 영적 상태를 알 수 없어 대화식 기도는 막힐 수밖에 없다.

> 만일 한 지체가 고통을 받으면 모든 지체가 함께 고통을 받고
> 한 지체가 영광을 얻으면 모든 지체가 함께 즐거워하느니라
> 너희는 그리스도의 몸이요 지체의 각 부분이라 고전 12:26-27

대화식 기도가 풍성하기 위해서는 매일 지체를 위한 기도와 지체 간에 원활한 소통이 있어야 한다. 그리고 기도의 응답에 반응하는 상호 책임이 반드시 있어야 한다.

대화식 기도는 한 사람씩 한두 문장 혹은 서너 문장 정도로 짧게 혹은 지체를 위해 집중적으로 '위로, 격려, 축복, 간구, 화해' 등의 기도를 한다. 이때 한쪽 방향으로 돌아가는 돌림 방식이 아니라, 성령님이 감동을 주시는 대로 자유롭게 앞에 기도한 사람의 기도를 이어 가면 된다. 대화식 기도는 성령님이 이끄시는 기도이기 때문에 다른 지체의 기도에 귀를 기울이는 것이 필수적이다. 한 사람이 여러 번 기도해도 상관없이 성령님이 주시는 마음 그대로 기도하면 된다. 그러면 셀에 있는 지체들이 성령

님께 민감해야 한다.

한 사람이 기도를 끝낼 때 다 같이 '아멘'으로 화답하지만, 기도가 끝날 때마다 "예수님 이름으로 기도합니다. 아멘" 하지 않고, 마지막에 마무리 기도하는 사람이 "예수님 이름으로 기도합니다. 아멘" 해서 기도를 끝낸다.

| 대화식 기도 사례 |

최 집사   하나님, 김○○ 집사님을 위해 기도합니다. 지난주에 친정어머니가 갑작스럽게 병원에 입원했습니다. 하나님께서 치료해 주십시오.(아멘)

이 집사   김○○ 집사님의 어머니를 주의 손으로 치료해 주십시오. 그리고 병원비가 걱정이 되는데, 하나님께서 채워 주시옵소서.(아멘)

김 권사   하나님! 병원이 멀어 자주 가지 못한 것 때문에 김○○ 집사님이 많이 힘들어 합니다. 비록 병원에 자주 가지 못할지라도 하나님의 능력으로 속히 회복시켜 주십시오.(아멘)

박 집사(리더)	하나님! 김○○ 집사님의 어머니가 아직 하나님을 알지 못합니다. 지금까지 김○○ 집사님이 친정의 구원을 위해 오랫동안 기도했는데, 이번 기회에 친정어머니가 하나님을 만날 수 있도록 해주십시오."(아멘)
김 집사	하나님! 참 감사합니다. 며칠 동안 많이 힘들었는데 오늘 이렇게 지체를 통해 위로해 주시니 감사합니다. 세상에 우연이 없는 것처럼, 어머니가 병원에 입원하게 된 것은 이번 기회를 통해 우리 친정을 구원하시기 위한 하나님의 뜻으로 믿습니다. 하나님, 이번 기회를 통해 친정 식구들이 하나님 앞에 나올 수 있도록 해주십시오."(아멘)
손 집사	우리에게 일하시는 주님을 찬양합니다.(아멘)
김 권사	김 집사님을 통해 하나님이 일하심을 우리가 보게 하소서.(아멘)
박 집사(리더)	이렇게 일하신 주님을 찬양합니다. 예수님 이름으로 기도했습니다.(아멘)

개인 예배

개인 예배는 성도가 말씀과 기도를 통해 하나님께 예배하는 것이다. 많은 성도가 큐티와 기도로 개인 영성의 시간을 갖지만, 시편 기자는 단순히 성경을 읊조리고 기도하는 것에 머물지 않고, 하나님 앞에 예배자가 되었다. 우리는 큐티나 말씀을 대할 때 주로 귀납법적으로 읽거나 적용하는 방식으로 영성 시간을 갖는다. 예를 들면, 오늘 말씀의 핵심 주제를 찾고 나에게 적용하는 방식이다. 이 방식은 예전에 선교단체에서 많이 사용했는데, 성경을 귀납법적으로 봄으로써 이성적 이해도가 높아진 것은 사실이다. 이 방식이 잘못된 것은 아니지만 시편 기자처럼 말씀을 통해 예배자가 되는 것이 필요하다.

> 내가 여호와를 항상 송축함이여 내 입술로 항상 주를 찬양하리이다 시 34:1

> 왕이신 나의 하나님이여 내가 주를 높이고 영원히 주의 이름을 송축하리이다 내가 날마다 주를 송축하며 영원히 주의 이름을 송축하리이다 시 145:1-2

개인 예배는 형식이나 시간에 얽매이지 않고 위대하신

하나님께 예배하는 것으로 말씀과 기도를 통해 발견한 하나님의 위대하심과 영광을 송축하며, 미물과 같이 연약한 나를 친히 자녀 삼으시고, 독생자이신 예수 그리스도로 하여금 내 죄를 대신 지게 하신 그 은혜에 감사하며 하나님께 경배한다. 개인 예배는 오직 하나님과 나의 관계 속에서 이루어지는 영적인 예배다. 이러한 개인 예배가 매일 쌓일 때 하나님과 나의 인격적 관계는 더 풍성해진다. 이 은혜를 셀에서 나누는 것이 말씀 나누기(Word)의 핵심이다.

공동체 예배

공동체 예배를 셀모임 혹은 셀예배라고도 한다. 개인 예배를 통해 만난 하나님의 은혜와 일상에서 예배자로 산 간증을 공동체(셀)에서 고백하고 지체와 함께 경배하며 송축하는 것이 공동체 예배, 즉 셀예배다. 그렇기 때문에 공동체 예배는 개인 예배가 풍성하지 않거나 그리스도의 몸된 지체로서 삶의 은혜가 없으면 영적으로 공허하게 된다.

셀예배는 앞서서 설명했듯이 그리스도의 몸으로서 하나 됨이 중요하고, 지체가 함께 머리이신 예수 그리스도에게 연결되어 일상의 삶에서 연속성이 있어야 한다.

기도자에게 중요한 것은
하나님의 일하심에 감사하며
순종하는 것이다.

11주 차 핵심 습관 체크

NO	큐티	기도	은혜와 감동
Day 71	☐	☐	
Day 72	☐	☐	
Day 73	☐	☐	
Day 74	☐	☐	
Day 75	☐	☐	
Day 76	☐	☐	
Day 77	☐	☐	

개인 적용

• 새롭게 깨달은 부분은 무엇인가?

• 일주일 동안 기도와 말씀을 통해 받은 은혜는 무엇인가?

11주 차 셀모임

◇ Welcome(환영)
  • 기억에 남는 편지에 대해 이야기해 보라.

◇ Worship(찬양)

◇ Word(말씀)
  • 새롭게 발견한 것이 있는가?
  • 일주일 동안 받은 은혜 중에 가장 감격스러운 것은 무엇인가?

◇ Work(사역)
  - 후원자 기도
  • 가장 힘들었던 것을 위해 기도한다.
  - 함께 기도하기
  • 셀원과 함께 대화식 기도를 진행해 보라.
  • 새로운 영적 습관을 위해 기도한다.
  • 리더 자신을 위해 기도한다.
  • 성령님이 이 모임을 이끌어 가시도록 기도한다.

후원자 과제

• 먼저 큐티와 기도를 매일 하고 단톡방에서 은혜를 나눈다.
• 단톡방에 응원의 댓글을 단다.
• 후원자와 진솔한 관계를 유지한다.
• 후원자와 함께 자신에게 일어난 변화를 이야기하며 격려한다.
• 12주 차 주제를 읽도록 서로 격려한다.

12주 차

Day 78-84 •   **핵심 습관 성숙기 4**

사람을 세우다

왜 사람을 세워야 하는가?

'새로운 것을 잘 습득하기 위한 가장 효과적인 방법은 무엇일까?'

초등학교 6학년 때 나는 한 동네에 살던 3학년 아이를 가르친 적이 있다. 당시 스트레스는 많았지만 덕분에 3학년 교과서를 다 외우다시피 했다. 책임감 때문에 그랬던 것 같다.

사람들은 다른 사람을 가르치며 더 많은 것을 배운다. 다른 사람에게 내가 알고 있는 것을 가르치는 것은 어려운 일이지만 그럼에도 자기 성장을 위해 꼭 필요한 과정이다.

리더는 예수 그리스도의 복음을 먼저 경험한 사람으로서 예수 그리스도의 복음을 다른 사람에게 전할 의무가 있다. 이것은 사명인 동시에 하나님의 은혜와 뜻을 더 명확하게 경험하는 최고의 방법이기도 하다.

이것은 비단 가르치는 것에 한정된 것은 아니다. 탁월한 리더는 나의 재능과 은사로 영향력을 발휘하는 것도 중요하지만, 잠재적인 리더를 발견하여 계발하고 탁월한 리더로 세운다. "사과나무의 열매는 사과가 아니라, 또 다른 사과나무다"라는 말이 있다. 농부는 사과나무에서 좋은 사과를 얻는 것도 중요하지만, 사과나무에서 좋은 종자를 배양해서 더 좋은 새로운 사과나무를 키우는 것이 중요한 과제 중 하나다.

다시 말해 좋은 리더를 통해 사역에 영향력을 끼치는 것도 중요하지만, 리더가 새신자나 영적 청년들의 모델이 되어 자신보다 뛰어난 리더를 계발하는 것이 더 큰 축복이라는 것이다.

어느 교회에 전도에 탁월한 은사를 가진 리더가 있었다. 그녀는 누구보다 열정적이고 담대해서 낯선 사람에게 복음을 전하는 것을 두려워하지 않았고, 은사도 많아 어렵지 않게 불신자를 전도했다. 이런 그녀를 목사님뿐만 아니라, 교회의 모든 성도들이 좋아하고 높이 평가했다. 그런데 개인 사정으로 그녀가 다른 지역으로 이사를 가면서 교회는 더 이상 전도에 대한 열정이 일어나지 않았고, 그 후유증은 생각보다 심했다.

그녀는 탁월한 전도의 은사를 가졌지만, 자신의 은사를 다른 사람과 나누거나 동력화시키지는 못했다. 교회도 무관심해서 강남 갔던 제비가 황금을 쏟아 내는 박의 씨앗을 물어 오듯이 또 다른 전도의 은사를 가진 사람이 와 주기만을 기도하고 있다.

그런데 우리는 왜 사람을 세우는 리더가 되지 못할까?

첫째, 두렵기 때문이다. 많은 리더가 자신의 신앙생활도 버거운데 다른 사람을 리더로 계발하고 세우는 일을 할 수 있을까 하는 두려움을 가지고 있다.

둘째, 귀찮기 때문이다. 뭔가 일을 벌여야 하고, 그 일에 인내하며 집중하는 것 자체가 귀찮은 일이라고 생각한다.

셋째, 동기부여가 되지 않았기 때문이다. '왜 성도가 사람을 세우는 사역을 해? 그것은 목회자들이 하는 일 아닌가?' 많은 사람이 교회에서 사람을 세우는 사역을 목회자의 몫이라고 생각한다.

넷째, 사람을 세우는 방법을 모르기 때문이다. 대부분의 교회가 성숙한 리더를 세우는 것만 목표를 두기 때문에 리더가 다른 지체를 후원하고, 세우는 것에는 관심이 없다. 당연히 리더가 다른 사람을 어떻게 세우는지에 대해서도 알지 못한다.

그러나 분명한 사실은 예수님이 우리에게 "하늘과 땅의 모든 권세를 내게 주셨으니 그러므로 너희는 가서 모든 민족을 제자로 삼아 아버지와 아들과 성령의 이름으로 세례를 베풀고 내가 너희에게 분부한 모든 것을 가르쳐 지키게 하라 볼지어다 내가 세상 끝날까지 너희와 항상 함께 있으리라 하시니라"(마 28:18-20)고 명령하신 대위임령은 목회자의 몫이 아니라, 예수님의 제자된 모든 사람의 사명이요, 비전이다. 예수님은 하나님의 일하심에 우리를 참여케 하셨다. 이것은 가장 위대하고 놀라운 사명인 동시에 은혜다. 그렇기 때문에 사람을 세우는 사역은 작든지 크든지 우리 신앙의 중심이 되어야 한다.

그럼에도 불구하고 제자 삼는 일은 결코 쉽지 않다. 오늘날 여러 가지 훈련이 있지만, 제자라는 말이 너무 남용

되고 있다고 생각한다. 그래서 이 책에서는 제자 삼는 사역 이전에 사람을 세우는 사역으로 협의적으로 접근하고자 한다. 제자훈련을 부정하는 것은 아니지만, 일시적인 훈련만으로 예수님의 제자라는 높은 가치에 도달하기는 결코 쉽지 않기 때문이다.

일찍이 성경에도 이런 모델이 많았다. 바울은 디모데에게 영적 아버지인 동시에 사역의 모델이었고, 좋은 멘토였다. 디모데는 1차 전도여행에서 바울을 만나 전도여행에 합류하면서 바울과 인격적 관계가 깊어졌고, 바울을 대신하여 바울이 갈 수 없는 곳에 가서 복음을 전했다(행 19:22, 고전 4:17, 16:10, 고후 1:1). 그리고 바울은 제4차 전도여행 중에 디모데에게 에베소교회를 목양하고 감독하도록 부탁했다.

이처럼 디모데는 바울이 세운 예수님의 제자이지만, 아볼로와 브리스길라, 아굴라 부부는 동역 관계다. 아볼로는 성경에 박식했지만 요한의 세례만 아는 수준이었다. 회당에서 담대히 말하고 있는 아볼로에게 브리스길라와 아굴라 부부가 하나님의 도를 더 자세히 가르쳐 주었다(행 18:26). 아굴라 부부는 아볼로가 예수 그리스도의 복음에 눈을 뜨게 해준 것이다. 그 후 아볼로는 아가야로 가서 믿는 자들에게 많은 유익을 주었을 뿐만 아니라, 많은 사

람들 앞에서 예수 그리스도의 복음을 당당하게 증거했다
(행 18:27-28). 이처럼 브리스길라와 아굴라 부부는 아볼로
를 예수님 안에서 온전하게 세운 사역을 했다.

사람을 세우는 3가지 관계

사람을 세우는 사역은 3가지 관계를 통해 단계적으로
발전시켜 나가야 할 필요가 있다. 인격적으로 신앙의 스
승이 되지 못한 사람이 다른 사람을 세우는 사역에 관여
할 경우, 무례하거나 어려운 일이 생길 수 있기 때문에 인
위적으로 확산시키는 것이 아니라, 점진적으로 발전시키
는 것이 필요하다.

첫째는 지체와 동료의 관계다. 흔히 '짝' 개념으로 성경에
서는 그리스도의 몸에 속한 지체들의 관계다(고전 12:27).
우리는 그리스도의 몸으로 서로 연결되어 있다(상호 의존)
는 것을 이해해야 한다(엡 2:21). 지체가 서로 연결되어 있
다면 다른 지체에 대한 책임도 있다(상호 책임). 사람을 세
우는 것은 신체(지체)를 온전하게 하는 사역이다. 운동을
할 때 유산소운동과 근력운동을 통해 폐활량과 몸의 모
든 근육을 강화시키듯이 사람을 세우는 것은 다른 지체
를 온전하게 함으로 나를 더욱 온전하게 하는 최고의 생
존 전략이다. 그렇기 때문에 이는 공동체에서 사람을 세

움으로 지체가 서로 공존하는 윈윈전략이다.

둘째는 후원자와 피후원자의 관계다. 초신자가 교회 혹은 셀에 방문했을 때 낯설지 않도록 안내하고 도와주는 것이 후원자다. 특히 셀에서 아직 영적 아이인 초신자에게 기도하는 방법이나 성경 읽는 법, 그리고 삶을 나누는 방법을 길잡이하는 역할을 한다. 그럴 때 피후원자는 교회에 쉽게 정착할 수 있다. 조금 앞선 사람이 이제 시작하는 사람에게 자신의 경험을 나누고, 이끌어 주는 것, 이것이 후원자와 피후원자의 관계다. 후원자는 이런 관계를 통해 다른 사람을 이해하고, 이타심이 생겨 자기중심적이던 삶의 태도에서 조금씩 남을 배려하는 삶의 태도로 바뀌게된다.

셋째는 멘토와 멘티의 관계다. 여러 차례 후원자 경험을 한 사람들 가운데, 자신의 경험을 다른 사람에게 나누고 가르칠 역량이 생긴 사람에게 다른 지체를 구체적으로 훈련시키는 사역에 참여하게 한다.

멘토와 멘티의 관계는 먼저 서로에 대한 신뢰가 형성되어야 한다. 그 토대 위에서 멘토는 멘티를 아버지의 마음으로 섬기고, 멘티는 멘토를 존경하는 마음으로 대하게된다. 이런 관계에서 디모데와 같은 믿음의 제자가 생겨날 수 있다.

사람을 세우는 일은 이렇듯 여러 관계를 통해 확산해 갈 수 있다. 그런데 이것은 목회자만이 아니라, 공동체 모두에게 요구되는 역할이다. 특히 사람을 세우는 일은 그리스도의 몸 안에서 모든 지체가 함께 배우고, 함께 가르치고, 함께 섬길 때 가능해진다.

누가 사람을 세우는 리더인가

과연 누가 사람을 세우는 리더가 될 수 있을까?

첫째, 내가 먼저 예수님의 제자가 되어야 한다. 바울은 자신의 지식이나 신념으로 복음을 전한 것이 아니라, 예수님으로부터 배운 복음을 디모데와 다른 사람들에게 흘러보냈고, 그들을 통해 또 다른 믿음의 사람들에게 흘러가게 했다. 즉 고린도전서 11장 1절에서 보듯이 바울 자신이 먼저 예수님의 제자가 되었고, 예수 그리스도로부터 시작된 복음을 전한 것이다.

> 내가 그리스도를 본받는 자가 된 것같이 너희는 나를 본받는 자가 되라 고전 11:1

사람을 세우는 원형이 예수님으로부터 출발하지 않으면, 자신의 추종자로 변질될 수 있는 위험성이 있다. 사람을 세우는 일은 군림이나 권위를 세우는 일이 아니다. 아버지의 마음을 가진 자만이 할 수 있다. 특히 우리나라는 유교 문화가 뿌리 깊어서 자칫 상하관계로 오해할 여지가 많다. 실제로 먼저 훈련 프로그램에 참석한 사람들이 뒤에 훈련받은 교인 중에 12명을 제자로 편성했다가 어려움을 겪기도 했다.

둘째, 자신의 모습을 있는 그대로 보여 주어야 한다. 예수님은 하나님의 능력과 일하심을 보여 줌으로 제자들을 훈련하셨다.

한 제자가 자신의 스승에게 어떻게 하면 스승님처럼 예수님의 제자가 될 수 있는지를 물었다. 그러자 스승은 "그저 지켜보면 돼"라고 말했다. 이후 제자는 자신의 스승을 지켜보았고 훗날 그도 훌륭한 제자가 되었다고 한다.

제자는 어떠한 훈련을 통해 되는 것이 아니라, 예수님의 모습을 지켜봄으로써 닮아 가는 것이다. 사람을 세우는 것은 무엇을 가르치는 것이 아니라, 내가 예수님을 따르는 모습을 다른 지체들이 보고 배우는 것이다.

셋째, 사랑이다. 예수님은 하나님 사랑과 이웃 사랑을 가장 큰 계명이라고 하셨다. 이 사랑을 베풀고, 실천하는 것이 사람을 세우는 일이다.

넷째, 솔직함이다. 자신의 연약함, 부족함조차 솔직하게 드러낼 때 상대방은 리더를 존경하게 된다. 솔직함만큼 큰 능력도 없다. 많은 사람이 상대방이 자신의 약점이나 흠을 알게 되면 리더로서 신뢰받지 못할 것이라는 오해가 있지만, 실제로 그렇지 않다. 사람들은 약점까지 드러내는 리더를 인정한다.

다섯째, 겸손함이다. 벼는 익을수록 고개를 숙인다는 속담처럼, 지체들은 리더의 겸손함을 존경한다.

여섯째, 미래를 보는 리더의 눈이다. 비록 지금은 보잘것없지만, 한 사람을 바라볼 때 현재가 아닌, 미래에 성장한 모습으로 보아 주면 상대방은 성장하게 된다.

일곱째, 경청이다. 사람을 세울 때 리더의 지혜와 경험을 한꺼번에 많이 쏟아붓는다 해도 상대방의 그릇은 그것을 다 담아내지 못한다. 오히려 상대방의 이야기를 아낌없이 경청해 줄 때 그 사람이 더욱 성장한다.

여덟째, 협력이다. 혼자서는 사람을 세울 수 없다. 아무리 뛰어나더라도 한계가 있기 때문에 공동체에서 지체가 서로, 함께, 더불어, 피차간에 각자의 은사로 협력할 때 나보다 뛰어난 사람으로 세울 수 있다.

아홉째, 리더의 긍정적인 마음이다. 부정적인 사람은 부정적인 말만 하고, 긍정적인 사람은 항상 긍정적인 말을 한다. 예수님은 좋은 나무마다 아름다운 열매를 맺고, 못된 나무가 나쁜 열매를 맺는다고 하셨다(마 7:17-18). 늘 부정적인 말만 하는 부모 밑에서 자란 자녀는 부정적인 세계관을 갖게 되고 부정적인 말만 한다. 리더의 말 한마디가 사람을 살리기도 하고, 죽이기도 한다는 사실을 잊지 말아야 한다.

사람을 세우는 사역은 완벽하지 않아도 된다

한두 걸음 앞선 사람은 자신이 경험한 한두 걸음을 나누어 주는 것으로 사람을 세울 수 있다. 흔히 담배를 끊으려는 사람에게 오래전에 담배를 완벽하게 끊은 사람보다 열흘 전에 금연을 시작한 사람이 더 도움이 된다. 오래전에 끊은 사람은 담배를 끊는 어려움을 잘 기억하지 못하지만, 열흘 된 사람은 아직 담배를 끊었다고 확신하기 힘든 사람이다. 금연하는 고통을 함께 나눌 수 있기 때문에 오히려 더 큰 힘이 된다.

이처럼 양육 훈련을 모두 이수하고 다른 사람을 많이 도와준 탁월한 리더보다 여전히 부족하고 남에게 인정받지 못하더라도 똑같은 처지에서 다른 사람을 섬기고 돕는 리더가 사람을 더 잘 세울 수 있다.

사람을 세우는 사역은

작든지 크든지

우리 신앙의 중심이 되어야 한다.

12주 차 핵심 습관 체크

NO	큐티	기도	은혜와 감동
Day 78	☐	☐	
Day 79	☐	☐	
Day 80	☐	☐	
Day 81	☐	☐	
Day 82	☐	☐	
Day 83	☐	☐	
Day 84	☐	☐	

개인 적용

• 새롭게 깨달은 부분은 무엇인가?

• 일주일 동안 기도와 말씀을 통해 받은 은혜는 무엇인가?

12주 차 셀모임

◇ Welcome(환영)
• 서로에게 응원 한마디씩 해보라.

◇ Worship(찬양)

◇ Word(말씀)
• 새롭게 발견한 것이 있는가?
• 이번 주에 받은 은혜를 나누어 보라.
• 다른 사람을 세우며 보람이 있었던 일을 이야기해 보라.

◇ Work(사역)
- 후원자 기도
• 성령님이 주시는 마음으로 후원자를 위해 기도한다.
- 함께 기도하기
• 새로운 영적 습관을 위해 기도한다.
• 리더 자신을 위해 기도한다.
• 성령님이 이 모임을 이끌어 가시도록 기도한다.

후원자 과제

• 먼저 큐티와 기도를 매일 하고 단톡방에서 은혜를 나눈다.
• 단톡방에 응원의 댓글을 단다.
• 후원자와 진솔한 관계를 유지한다.
• 후원자와 함께 자신에게 일어난 변화를 이야기하며 격려한다.
• 13주 차 주제를 읽도록 서로 격려한다.

Step 4

삶의 터전에서
선한 이웃으로 살기

Day 85-91 · **핵심 습관 정착기 1**

세상에서 일하시는
하나님과 동역하는 리더

전도는 왜 환영받지 못하는가

예수께서 나아와 말씀하여 이르시되 하늘과 땅의 모든 권세
를 내게 주셨으니 그러므로 너희는 가서 모든 민족을 제자
로 삼아 아버지와 아들과 성령의 이름으로 세례를 베풀고 내
가 너희에게 분부한 모든 것을 가르쳐 지키게 하라 볼지어

다 내가 세상 끝날까지 너희와 항상 함께 있으리라 하시니라

마 28:18-20

승천하신 예수님이 우리에게 땅끝까지 예수 그리스도의 복음을 전하는 사명을 주셨다. 이 사명은 성도와 교회에게 커다란 축복이다. 그런데 공교롭게도 전도는 교회 안팎에서 부정적인 이미지가 있다. 성도는 전도의 압박감으로, 세상은 전도의 무례함으로 전도에 대해 거부감이 강하다. 예수님의 지상명령이 성도와 세상으로부터 환영받지 못하는 이유가 무엇일까?

첫째, 영향력을 잃은 성도의 모습 때문이다. 복음은 단순히 입으로 전해지는 것이 아니라, 성도들의 삶과 그에 따른 전인격적인 영향력으로 전해진다.

너희는 세상의 소금이니 소금이 만일 그 맛을 잃으면 무엇으로 짜게 하리요 후에는 아무 쓸 데 없어 다만 밖에 버려져 사람에게 밟힐 뿐이니라 너희는 세상의 빛이라 산 위에 있는 동네가 숨겨지지 못할 것이요 사람이 등불을 켜서 말 아래에 두지 아니하고 등경 위에 두나니 이러므로 집 안 모든 사람에게 비치느니라 이같이 너희 빛이 사람 앞에 비치게 하여 그들로 너희 착한 행실을 보고 하늘에 계신 너희 아버지께

영광을 돌리게 하라 마 5:13-16

짠맛을 잃은 소금은 모래와 같고, 밝음을 잃어버린 빛은 어둠과 같다. 세상은 말씀대로 살지 않는 그리스도인을 조롱 섞인 눈으로 바라보게 된다. 성도 간의 소송전, 교회의 갈등, 교단의 분열, 법을 무시한 교회…. 영화의 대사처럼 "너나 잘하세요"라는 말을 듣는 것이 당연하다. 그런 교회와 성도에게 영향력이 있을 리 만무하다.

둘째, 우리의 비인격적인 행동이다. 교회의 전도행사를 보면 비신자들이 충격을 받을 것이다.

"익은지 안 익은지 찔러 본다."

"한번 물면 놓지 않는다."

몇 년 전 어느 안티카페에서 "한번 물면 놓지 않는다"는 댓글에 "역시 개독교구나"라는 글이 올라온 적이 있다. 복음은 존귀하고 가치 있는 하나님의 은혜이지만, 비신자를 대하는 성도들의 비인격적인 행동으로 인해 영향력을 상실했다. 비신자들은 전도인을 무례한 사람 혹은 광신자로 매도하곤 한다.

셋째, 전도할 때만 관심을 갖는 이중성이다. 평소에는 눈길조차 주지 않다가 전도 시즌만 되면 목적 지향적으로 관계를 맺는다. 비신자들은 이런 사람을 전도를 위해 밑밥을 뿌리는 낚시꾼으로 여긴다.

넷째, 성도들의 배타적 삶이다. 성도들은 지역 주민으로도 살지 않고, 동료들과도 어울리지 않는 경향이 있다. 이원론적인 신앙은 비신자 친구와 어울리는 걸 꺼리게 만든다. 예수님이 말씀하신 구별된 삶이란 세상과 단절된 삶이 아니라, 세상의 목적과 달리 하나님의 백성으로 사는 삶을 말한다.

> 또 네 이웃을 사랑하고 네 원수를 미워하라 하였다는 것을 너희가 들었으나 나는 너희에게 이르노니 너희 원수를 사랑하며 너희를 박해하는 자를 위하여 기도하라 이같이 한즉 하늘에 계신 너희 아버지의 아들이 되리니 이는 하나님이 그 해를 악인과 선인에게 비추시며 비를 의로운 자와 불의한 자에게 내려 주심이라 너희가 너희를 사랑하는 자를 사랑하면 무슨 상이 있으리요 세리도 이같이 아니하느냐 또 너희가 너희 형제에게만 문안하면 남보다 더하는 것이 무엇이냐 이방인들도 이같이 아니하느냐 그러므로 하늘에 계신 너희 아버지의 온전하심과 같이 너희도 온전하라 마 5:43-48

선한 이웃으로 살기

> 만군의 여호와 이스라엘의 하나님께서 예루살렘에서 바벨
> 론으로 사로잡혀 가게 한 모든 포로에게 이와 같이 말씀하시
> 니라 너희는 집을 짓고 거기에 살며 텃밭을 만들고 그 열매
> 를 먹으라 아내를 맞이하여 자녀를 낳으며 너희 아들이 아내
> 를 맞이하며 너희 딸이 남편을 맞아 그들로 자녀를 낳게 하
> 여 너희가 거기에서 번성하고 줄어들지 아니하게 하라 너희
> 는 내가 사로잡혀 가게 한 그 성읍의 평안을 구하고 그를 위
> 하여 여호와께 기도하라 이는 그 성읍이 평안함으로 너희도
> 평안할 것임이라 렘 29:4-7

예루살렘으로 돌아갈 것으로 기대하던 백성들에게 하
나님은 바벨론에서 터를 잡아 집을 짓고, 그들과 더불어
먹고, 결혼하고, 그 성읍의 평안을 구하며 살라고 하셨다.
비록 포로의 땅이라도 하나님이 계신 곳은 거룩한 곳임
을 말씀하신 것이다.

언제부터인가 같은 아파트에 살아도 이웃과 데면데면
하게 지내게 되었다. 교회가 우선순위가 되고, 교회 성도
들과 어울리는 것을 좋아하다 보니 어느새 주변의 이웃
이 사라졌다. 이웃과 더불어 먹지도 않고, 성읍의 평안을

구하지도 않는다. 대부분의 신앙생활이 교회에서 이루어지기 때문에 하나님의 특별 은총에는 관심이 많지만, 세상 한가운데서 일하시는 하나님의 일반 은총에 대해서는 관심이 없다.

하나님이 지으신 그 모든 것을 보시니 보시기에 심히 좋았더라 저녁이 되고 아침이 되니 이는 여섯째 날이니라 창 1:31

교회 밖의 세상도 하나님이 창조하시고 기뻐하셨다. 물론 민심이 예전 같지 않아 이웃이 제일 무섭다는 말도 있지만, 우리는 앞집, 옆집 그리고 지역에 관심을 갖는 방법을 찾아야 한다. 전도의 목적이 아니라, 단지 이웃과 더불어 사는 법을 배우고, 일상에서 친구를 사귀는 방법을 배워야 한다. 때로는 수다쟁이가 되기도 하고, 수다쟁이를 만나기도 해야 한다. 직장이 아무리 치열한 경쟁 사회라 하더라도 동료들과 친구가 되는 것이 우리의 사명이요, 하나님의 뜻임을 잊지 않아야 한다.

예수께서 대답하여 이르시되 어떤 사람이 예루살렘에서 여리고로 내려가다가 강도를 만나매 강도들이 그 옷을 벗기고 때려 거의 죽은 것을 버리고 갔더라 마침 한 제사장이 그 길로 내

려가다가 그를 보고 피하여 지나가고 또 이와 같이 한 레위인
도 그 곳에 이르러 그를 보고 피하여 지나가되 어떤 사마리아
사람은 여행하는 중 거기 이르러 그를 보고 불쌍히 여겨 가까
이 가서 기름과 포도주를 그 상처에 붓고 싸매고 자기 짐승에
태워 주막으로 데리고 가서 돌보아 주니라 그 이튿날 그가 주
막 주인에게 데나리온 둘을 내어 주며 이르되 이 사람을 돌보
아 주라 비용이 더 들면 내가 돌아올 때에 갚으리라 하였으니
네 생각에는 이 세 사람 중에 누가 강도 만난 자의 이웃이 되
겠느냐 이르되 자비를 베푼 자니이다 예수께서 이르시되 가서
너도 이와 같이 하라 하시니라 눅10:30-37

　강도를 만난 사람의 이웃은 신앙심이 좋은 제사장과
레위인이 아니라, 의외의 인물인 사마리아인이었다. 제사
장과 레위인은 평소 존경받는 선한 사람이었는지 모르지
만, 어려움에 처한 사람의 이웃은 아니었다. 예수님은 사
마리아인처럼 내 이웃의 친구가 되라고 하셨다.
　선한 이웃은 종교적 삶이 아니라, 복음적 삶에서 드러
나는 빛이다. 예수님이 서기관과 바리새인을 책망한 것도
하나님의 말씀은 알았지만, 말씀대로 살지 않은 거짓된
이중성 때문이었다(마 23:1-36).
　당시에 사마리아인은 이웃이 될 수 없었던 사회였지

만, 예수님은 그 관례를 깨셨다.

지금까지 교회의 교구 개념이 특정 지역(교구)에 사는 자기 교인이었다면, 이제는 자기 교인뿐만 아니라, 이웃 교인과 비신자까지 포함해야 한다. 우리는 이웃 교인과 한 성령으로 받은 그리스도의 몸이다. 교인 개념보다 성도의 개념으로 한 몸을 이뤄 '이웃 교인을 포함한 성도'와 '아직은 예수님을 모르는 비신자'로 교구를 넓게 이해할 때 이웃 교회와 그리스도의 몸으로서 협력하여 '아직은 예수를 믿지 않는 비신자'의 이웃으로 살게 된다.

더 이상 지역교회들이 여전히 자기 교회, 자기 교인 중심에 갇혀 있어선 안 된다. 그리스도의 몸이 서로, 피차, 더불어, 함께 하나님의 처소를 짓는 개념을 자기 교회에 한정짓지 않아야 한다. 한 성령 안에 있는 모든 그리스도의 몸인 교회들이 이 땅에 함께 하나님 나라의 영광을 세워 가는 것이 목적이어야 한다.

셀에서 전도하기

셀은 성도와 이웃 그리고 교회의 연결고리다. 셀모임에서 '사역하기'(Work)는 셀원만을 위한 것이 아니라, 하나님의 시선이 머무는 곳에 관심을 갖는 사역이다. 자신의 이웃을 위해 기도하고, 셀원과 함께 이웃의 친구가 되는 것이 셀의 공통적인 과제다.

'교회에 다닌 햇수와 친구는 반비례한다'라는 말이 있다. 그만큼 교회에 오래 다닐수록 비신자 친구와는 거리가 멀어진다는 의미다. 옆집의 이웃이 비신자라는 이유로 그들의 문화권에 들어가지 않고, 그들의 일상에 관심이 없다면 예수님이 주신 대위임령은 의미가 없다.

많은 교회들이 '관계 전도'를 할 때도 주변에 관계 맺을 친구가 없어 어려움을 호소한다. 정말 관계 맺을 친구가 주변에 없을까? 그렇지 않다.

아는 사람이 없다지만 여전히 우리 주변에는 많은 이웃이 살고 있다. 그들과 담을 쌓지 않고 이웃으로 살아야 한다. 전도 목적으로 관계를 맺는 것이 아니라, 바벨론에 포로로 잡혀간 이스라엘 백성들에게 하나님이 그들과 더불어 살고, 그들의 평안을 빌어 주라 하셨던 것처럼 그냥 이웃으로 사는 것이 선한 이웃의 첫걸음이다.

"당신의 이웃을 교회에 앉아서 찾지 말고, 동네를 거닐어 봐라. 그곳에 당신의 이웃이 가득 있을 것이다"라는 선교적 교회의 대가 앨런 록스버그(Alan Roxburgh) 교수의 가르침을 따라 나도 5주 동안 거의 일주일에 두세 차례 시간대를 달리해서 동네를 다닌 적이 있다. 정말 10여 년 이상 그곳에 살았지만 이런 곳이 있는 줄, 또 이런 사람들이 살고 있는 줄 그때 처음 알았다. 나 역시 제사장과 레위인처럼 우리 동네에 살면서 그들의 이웃으로 살지 않았던 것이다. 우리 동네 주민과 더불어 하나님의 일하심이 지금까지 있었는데 나는 지금까지 보지 못한 것이다.

전도는 낯선 사람이 아니라, 내가 지속적으로 만나는 사람, 혹은 같이 일하는 사람, 여러 가지 이해관계로 얽혀 있는 사람에게 더 효과적이라는 통계가 있다. 내가 거주하는 동네나 일터에 많은 이웃이 있지만 지금까지 그들과 이웃이 될 생각이 없었다. 이제 눈을 돌려 동네를 산책하고 나의 일상적인 일터를 돌아봐야 한다. 자비가 필요한 이웃에게 목적 없는 친구가 되어 그들과 그리스도의 몸으로 사는 것이 일상적인 신앙생활이다.

셀에서 자신의 이웃을 위해 기도하는 것이 전도의 시작이다. 물론 이것이 목적이 되어서는 안 된다. 전도가 목적이 되는 순간 이웃은 전략적 접근의 피해자가 된다. 자신이 친구가 아닌 수단이었다는 사실을 알았을 때 그들은 배신감을 느낀다. 자비는 목적이 아니라, 일상적인 삶이다. 그냥 선한 이웃으로 사는 것이 그리스도의 몸된 성도다.

처음부터 관계를 맺은 비신자를 주일예배로 초대하는 것은 좋지 않다. 우리는 모르지만, 비신자들에게 교회 문화(예배 분위기, 교회 용어, 찬양 등)는 낯설고 거부감이 있다. 가능한 셀로 초대해서 지체들과 얼굴도 익히고, 어느 정도 교회 문화를 접한 후에 예배에 참석하는 것이 안정감을 갖게 한다.

주일예배에 참석하고 등록해야 전도의 열매라는 생각은 잘못된 것이다. 비신자가 예수 그리스도를 배우기 시작하는 것이 전도의 열매요, 성도로서 첫걸음을 내딛는 것이다. 자신이 참석한 공동체에서 지체들과 관계를 맺고, 그곳에서 머리이신 예수 그리스도를 만날 수 있도록 기회를 더 많이 제공하는 것이 전도의 열매를 맺는 바람직하고 빠른 길이다.

선한 이웃은

종교적 삶이 아니라,

복음적 삶에서 드러나는 빛이다.

13주 차 핵심 습관 체크

NO	큐티	기도	은혜와 감동
Day 85	☐	☐	....
Day 86	☐	☐	....
Day 87	☐	☐	....
Day 88	☐	☐	....
Day 89	☐	☐	....
Day 90	☐	☐	....
Day 91	☐	☐	....

개인 적용

• 새롭게 깨달은 부분은 무엇인가?

• 일주일 동안 기도와 말씀을 통해 받은 은혜는 무엇인가?

13주 차 셀모임

◇ Welcome(환영)
  • 우리 동네에서 제일 인상 깊은 곳은 어디인가?

◇ Worship(찬양)

◇ Word(말씀)
  • 새롭게 발견한 것이 있는가?
  • 이번 주에 받은 은혜를 나누어 보라.
  • 이웃에 대해 어느 정도 아는가? 비신자 중에 아는 사람의 이름을
    이야기해 보라.

◇ Work(사역)
 - 후원자 기도
  • 후원자에게 감사의 기도를 한다.
 - 함께 기도하기
  • 새로운 영적 습관을 위해 기도한다.
  • 리더 자신을 위해 기도한다.
  • 성령님이 이 모임을 이끌어 가시도록 기도한다.

후원자 과제

• 먼저 큐티와 기도를 매일 하고 단톡방에서 은혜를 나눈다.
• 단톡방에 응원의 댓글을 단다.
• 후원자와 진솔한 관계를 유지한다.
• 후원자와 함께 새로운 습관을 통해 하나님의 일하심에 대한 기대감
  을 나누며 격려한다.
• 14주 차 주제를 읽도록 서로 격려한다.

14주 차

Day 92-100 ·   **핵심 습관 정착기 2**

하나님 나라 리더의
라이프스타일

세상과 담을 쌓는 생각

우리나라에 복음이 처음 들어온 것은 신분제도가 확고
하던 봉건 말기였다. 기독교의 인간 평등사상은 당시 사
회에 적지 않은 영향을 미쳤고, 백정과 양반이 함께 예배
당에서 예배드리는 풍경은 가히 충격적인 것이었다. 더
구나 교인들은 당시 부정부패가 심했던 관리들에 항거하

는 운동을 일으키기도 했다. 평안도 지방관으로 임명받은 한 관리가 야소교(개신교)가 있는 고을은 가기 싫으니 다른 마을로 옮겨 달라고 요청할 정도로 기독교인이 있는 곳에서는 부정을 저지르기가 어려웠다. 당시 1200만여 인구 중 세례 교인은 채 만 명도 안 됐지만, 그들은 이 민족의 희망이요 등불과 같은 존재였다. 하지만 오늘날 이 땅의 기독교는 숫자상으로는 크게 늘었으나 그 존재감은 훨씬 쇠락한 모습이다. 왜 그럴까?

여러 가지 이유가 있지만, 그중 하나가 영지주의(靈知主義)적 신앙관이다. 영지주의는 플라톤과 같은 철학자들의 영향을 받아 '물질은 악하고, 영은 선하다'고 주장하면서 초대교회를 위협한 거짓된 사상이다. 이들은 예수님의 육체는 실제로 있었던 것이 아니라 육체적으로 보였을 뿐이고, 예수님의 영은 예수님이 세례를 받으실 때 내려왔다가 십자가에서 죽기 직전에 떠났다고 주장했다. 이러한 주장은 예수님의 인성과 더불어 대속의 희생까지 부정하는 것이다. 이러한 영지주의적인 이원론 사상이 오늘날에도 여전히 존재하고 있다.

예수님은 하나님의 아들로서 완전한 신성을 가졌을 뿐만 아니라, 우리의 고통을 그대로 느끼시는 인성을 지니신 분이다(히 2:14-17).

'교회는 선하고, 세상은 악하다.'

'주일은 거룩하고, 주중은 세속적이다.'

'교회 봉사는 그리스도의 몸을 세우는 일이고, 세상일
은 생계수단일 뿐이다.'

우리 안에는 이런 이원론적인 생각이 스며들어 있다.
교회는 선하고 세상은 악하다는 생각은 세상과 담을 쌓
는 것이다. 우리가 세상과 구별되지만, 세상과 구분되는
것은 아니다. 세상과 구분되면 우리만의 리그가 되어 세
상은 우리에게 관심이 없다. 예수님은 의인을 위해 이 땅
에 오신 것이 아니라, 죄인을 위해 오셨다. 우리의 삶은
세상에서 빛으로 사는 삶이어야 한다.

하나님은 특별은총과 일반은총으로 이 땅을 다스리신
다. 특별은총은 예수 그리스도를 나의 구주로 믿는 자녀
들에게 베푸시는 은혜이고, 일반은총은 모든 인류에게 베
푸시는 하나님의 넓은 은혜다. 하나님은 세상의 일부를
창조하신 것이 아니라, 모든 만물을 창조하셨다. 만물을
창조하신 후 기뻐하셨고 지금도 다스리고 계신다.

우리는 특별은총은 알지만, 세상 속에 살면서도 일반
은총에는 관심이 거의 없다. 예수님은 "하나님이 그 해를
악인과 선인에게 비추시며 비를 의로운 자와 불의한 자
에게 내려 주심이라"(마 5:45)고 하셨고, 바울도 루스드라

의 우상숭배자들에게 "그러나 자기를 증언하지 아니하신 것이 아니니 곧 여러분에게 하늘로부터 비를 내리시며 결실기를 주시는 선한 일을 하사 음식과 기쁨으로 여러분의 마음에 만족하게 하셨느니라"(행 14:17)고 했다. 하나님은 모든 사람들에게 은혜를 베푸시고 여전히 이 땅을 다스리신다.

그러므로 교회는 거룩하고, 세상은 악하다는 생각은 잘못된 것이다. 세상은 영적 전쟁터가 아니라, 우리가 다스리고 번성하도록 하나님이 창조하신 땅이다.

주일예배의 기도자들이 "지난 한 주간 세상에서 죄를 범하고 또 이 자리에 왔습니다. 우리를 불쌍히 여기시고, 오늘 예배를 통해 은혜를 받아 다시 한 주간 세상의 영적 전쟁에서 승리할 수 있도록 은혜를 주옵소서"라고 기도한다. 물론 하나님의 은혜와 구별된 삶을 위한 기도는 필요하지만, 교회는 선하고 세상은 악한 곳이라는 이원론적인 시각은 교정해야 한다. 이들 중에는 심지어 세상의 일은 뒷전이고, 가정까지 내팽개치고 일주일 내내 교회에서 사는 사람들이 심심찮게 있다.

하나님이 선하시기 때문에 하나님이 창조하신 이 땅도 선하다. 하나님은 당신의 자녀에게 은혜를 베푸시지만, 창조하신 이 땅에도 은혜를 베푸신다. 우리는 하나님의 시선으로 세상을 보고, 하나님의 관심에 참여해야 한다. 세상은 악한 곳이 아니라, 은혜의 땅이다.

하나님의 나라는 이 땅을 창조하신 하나님이 직접 그의 뜻대로 다스리신다. 구약시대에는 정치, 경제, 사회, 문화, 법 등 모든 분야에서 하나님의 율법이 기준이었다. 그의 백성들은 하나님 중심으로 생활했고, 항상 하나님의 법이 최상위였다. 이러한 신앙은 신약시대에 와서도 변하지 않았다.

예수님이 먼저 그의 나라와 의를 구하라고 하신 것은 우리 삶의 목표가 하나님의 나라와 의라는 것을 말씀하신 것이다. 성도는 하나님의 의를 구하고, 살아가는 목적 또한 하나님의 의가 되어야 한다.

"왜 돈을 벌어야 합니까?"

"왜 공부해야 하나요?"

"우리가 무엇 때문에 삽니까?"

이 질문에 대한 정답은 하나님의 의와 이 땅에 하나님 나라의 회복을 위해서다. 성도의 삶의 목적이 하나님 나라가 아니면, 자신의 목적이 우선시될 수밖에 없다. 그러므로 그리스도의 몸된 성도는 교회와 하나님 나라에 대해 정확하게 알아야 한다.

하나님은 교회를 통해 하나님의 일하심을 확장시키기

를 원하신다. 교회 또한 그 목적이 이 땅에 하나님 나라를 세우는 것이다. 만일 교회가 하나님 나라 세우는 것을 가장 최우선으로 여기지 않는다면, 그 교회는 본질이 훼손된 것이다.

> 예수께서 나아와 말씀하여 이르시되 하늘과 땅의 모든 권세를 내게 주셨으니 그러므로 너희는 가서 모든 민족을 제자로 삼아 아버지와 아들과 성령의 이름으로 세례를 베풀고 내가 너희에게 분부한 모든 것을 가르쳐 지키게 하라 볼지어다 내가 세상 끝날까지 너희와 항상 함께 있으리라 하시니라
> 마 28:18-20

성경적 세계관

사람은 자신이 이해하고 경험한 것을 바탕으로 신념화해 살아간다. 이 신념이 바로 세계관이다. 불교도는 윤회적 세계관이 있고, 사회주의자들은 유물론적 세계관이 있다. 여자들에게 부르카를 씌우고 순결을 요구하는 무슬림들은 하나님이 남녀를 평등하고 존귀하게 창조하셨다는 사실을 부정하는 세계관이 있고, 자본주의 사회의 사람들은 경쟁과 돈을 우선시하는 세계관이 있다.

최근 인도에서는 천민과 결혼했다는 이유로 딸이 보는

앞에서 사위를 명예 살인한 사건이 있었다. 이처럼 세계 관은 자신의 신념의 안경으로 세상을 이해한다.

하나님은 하나님의 백성에게 하나님의 법(세계관)대로 살도록 십계명과 더불어 많은 생활법을 주셨다. 이것이 세상과 구별된 하나님 나라의 세계관이다. 성도는 성경적 관점으로 세상을 이해하고, 성경 말씀을 신념으로 삼아 하나님 나라의 백성답게 살아야 한다.

한 사람의 세계관은 사물이나 사건을 바라보는 창이 된다. 자본주의 세계관을 가진 사람에게 부는 삶의 목표 인 동시에 살아가는 이유다. 목표로 삼은 부를 위해서라 면 수단과 방법이 어떠해도 별로 중요하지 않다. 그러나 성경적 세계관은 하나님 나라의 관점으로 부를 이해하기 때문에 부를 위한 수단과 방법도 하나님 나라의 방식에 따라야 한다.

하나님이 부를 바라보시는 관점

예수님이 "낙타가 바늘귀로 들어가는 것이 부자가 하 나님의 나라에 들어가는 것보다 쉬우니라"고 하셨는데, 이는 부에 대한 성경적 세계관을 잘 보여 주는 말씀이다. 예수님이 부자를 싫어하신 것이 아니라, 돈의 허상과 잘 못된 신념을 지적하신 것이다. 돈은 악이 될 수도 있고,

선이 될 수도 있다.

우리 삶에서 돈은 굉장히 중요하다. 돈은 다양하게 사용되지만 돈에 대한 잘못된 생각, 특히 자본주의가 낳은 잘못된 가치관에 종속될 때, 맘몬이 된 돈은 사람을 지배하게 된다. 우리 속담에 "개같이 벌어서 정승같이 쓴다"는 말이 있다. 원래 의미는 아니지만, 돈의 왜곡된 가치관 중의 하나다. 돈을 잘 쓰는 것도 중요하지만, 얻는 과정은 더 중요하다.

> 네가 밭에서 곡식을 벨 때에 그 한 뭇을 밭에 잊어버렸거든 다시 가서 가져오지 말고 나그네와 고아와 과부를 위하여 남겨두라 그리하면 네 하나님 여호와께서 네 손으로 하는 모든 일에 복을 내리시리라 신 24:19

하나님은 돈에도 원칙이 있음을 분명히 하셨다. 약한 자의 돈을 취해선 안 되고, 욕심으로 돈을 좇아서도 안 된다. 헐값일 때 땅을 샀다가 그 지역이 개발되는 바람에 큰 돈을 번 것을 하나님의 축복으로 간증하는 사람이 제법 많다. 하나님의 축복은 개인의 부를 채우는 데 그치지 않는다. 물론 개인의 부를 하나님이 간섭하시고 풍성하게 하시지만, 과정이 성경적이지 않거나 하나님의 말씀과 상반된 자기 욕심에서 비롯된 것이라면, 그것은 하나님의 축복과 상관이 없다.

우리나라 부의 상위 10%에 속하는 강남에 사는 상당수의 기독교인이 비정상적인 방법으로 부를 축적하고 있다. 이 때문에 비신자들은 기독교를 신뢰할 수 없는 종교로 여기기도 한다.

성도들은 부를 축적하는 과정도 하나님의 법에 따라야 한다. 돈의 필요성을 하나님도 인정하시지만(신 8:18, 잠 10:22), 돈에 대한 잘못된 가치관(눅 12:15)은 마치 불과 같아서 올바르게 사용하면 유익한 선이 되지만, 그렇지 않으면 온 집안을 태우는 무서운 악마가 된다. 히브리서 기자가 돈을 사랑하지 말고(시 52:7, 히 13:5) 하나님의 뜻대로 행하라고 권면한 이유가 이 때문이다.

성도는 성공이 선이 되는 자본주의 세계관이 아니라, 시작과 과정 그리고 결과에 이르기까지 성경적 세계관을 적용해서 삶을 영위해야 한다.

> 한 사람이 두 주인을 섬기지 못할 것이니 혹 이를 미워하고 저를 사랑하거나 혹 이를 중히 여기고 저를 경히 여김이라 너희가 하나님과 재물을 겸하여 섬기지 못하느니라 마 6:24

자기의 재물을 의지하는 자는 패망하려니와 잠 11:28

너희를 위하여 보물을 땅에 쌓아 두지 말라 거기는 좀과 동록
이 해하며 도둑이 구멍을 뚫고 도둑질하느니라 오직 너희를
위하여 보물을 하늘에 쌓아 두라 거기는 좀이나 동록이 해하
지 못하며 도둑이 구멍을 뚫지도 못하고 도둑질도 못하느니라
네 보물 있는 그 곳에는 네 마음도 있느니라 마 6:19-21

성경은 부를 하나님의 축복의 잣대로 보지 않았다. 성
공에는 하나님의 간섭이 있고, 실패에는 하나님의 간섭이
없다는 식의 잘못된 생각은 하나님을 자기 뜻에 따라 조
정하고 싶어 하는 발로와 다르지 않다. 우리 믿음의 선배
인 '야소교인'들은 부로 하나님의 영역을 제한하지 않았
다. 비성경적인 자본주의 경제관이 부를 하나님의 축복으
로 속여서 거짓된 탐심을 키운 것이다.

삼가 모든 탐심을 물리치라 사람의 생명이 그 소유의 넉넉한
데 있지 아니하니라 눅 12:15

그리스도의 몸된 성도는 정치, 경제, 문화, 사회, 예술,
법 등 모든 분야를 성경적 세계관으로 이해하고 실천하

며 기꺼이 복음 안에서 손해를 마다하지 않아야 한다. 촛불은 자신을 태우지 않고 어떤 불빛도 낼 수 없다. 경쟁에서 뒤처지라는 말이 아니다. 세상과 똑같이 돈과 명예를 먼저 생각하지 말라는 의미다.

다시 에클레시아로서 교회를

다시 한 번 상기할 것은 교회는 에클레시아로서 세상에 하나님의 복음을 선포하는 그리스도의 몸된 공동체다. 또한 공동체 안에 있는 지체는 아포스톨로스(apostolos)로서 세상의 빛인 지체가 그리스도의 몸에서 서로 떨어질 수 없듯이 언제나 자신의 지체와 연결되어야 한다. 아포스톨로스도 백마를 타고 혼자 전쟁터를 누비지 않고 자신의 에클레시아와 함께 왕의 명령을 수행한 것처럼, 그리스도의 몸된 성도는 공동체인 교회와 셀에서 다른 지체와 한 몸을 이루며 복음의 빛을 세상에 밝혀야 한다. 이것이 성경적인 라이프스타일이다.

> 날마다 마음을 같이하여 성전에 모이기를 힘쓰고 집에서 떡을 떼며 기쁨과 순전한 마음으로 음식을 먹고 하나님을 찬미하며 또 온 백성에게 칭송을 받으니 주께서 구원받는 사람을 날마다 더하게 하시니라 행 2:46-47

초대교회 성도는 자신의 몸과 언제나 연결되어 있는 지체와 함께 모이기를 힘썼고, 흩어져도 지체와 항상 같이 했다. 오늘날 교회가 회복해야 할 신앙이 바로 그리스도의 몸된 지체와 언젠가 한 몸을 이루는 신앙의 라이프 스타일이다.

14주 차 핵심 습관 체크

NO	큐티	기도	은혜와 감동
Day 92	☐	☐	
Day 93	☐	☐	
Day 94	☐	☐	
Day 95	☐	☐	
Day 96	☐	☐	
Day 97	☐	☐	
Day 98	☐	☐	
Day 99	☐	☐	
Day 100	☐	☐	

개인 적용

• 새롭게 깨달은 부분은 무엇인가?

• 일주일 동안 기도와 말씀을 통해 받은 은혜는 무엇인가?

14주 차 셀모임

◇ Welcome(환영)
- 서로에게 하이파이브를 하며 축복의 말을 해보자.

◇ Worship(찬양)

◇ Word(말씀)
- 새롭게 발견한 것이 있는가?
- 하나님을 경험한 14주 동안 어떤 영적 변화가 있었는가?
- 서로에게 축복해 주고 싶은 말은 무엇인가?

◇ Work(사역)
- 후원자 기도
- 서로 축복하는 기도를 한다.
- 함께 기도하기
- 오늘 깨달은 내용이 지식에만 머물지 않고 내 신앙의 중심이 되도록 기도한다.
- 새로운 영적 습관을 위해 기도한다.
- 리더 자신을 위해 기도한다.
- 넘어지지 않도록 서로를 위해 기도한다.
- 성령님이 이 모임을 이끌어 가시도록 기도한다.

후원자 과제

- 새로운 영적 습관을 위해 기도한다.
- 서로가 좋은 리더가 되도록 기도한다.
- 끝까지 좋은 그리스도의 몸으로 살 수 있도록 기도한다.
- 성령님이 내 인생을 이끌어 가시도록 기도한다.

성령님이 이끄시는 소그룹 인도법

리더가 셀모임이든 소그룹 모임이든 모임을 인도하는 것은 쉬운 일이 아니다. 모임의 목적과 진행을 이해할 뿐만 아니라, 전문성과 경험 그리고 철저한 준비가 있어야 한다. 그럼에도 셀모임에서 생각지 않은 돌발 상황이 벌어지면 리더는 당황스럽다.

4W

4W는 Welcome(환영), Worship(경배), Word(말씀), Work(사역)를 의미한다. 환영(Welcome)은 마음 열기로 하나 되는 것이고, 경배(Worship)는 하나 된 우리가 하나님께 나아가는 것이다. 말씀(Word)은 찬양과 경배를 받으신 하나님이 우리에게 말씀하시고, 사역(Work)은 우리가 서로에게 덕을 세우며, 하나님의 일하심에 참여하는 것이다.

형식	목표	주요 내용
Welcome 환영	열린 마음, 하나 되기	네가 나에게, 내가 너에게(우리)
Worship 경배	주를 향하여	우리가 하나님께 나아감
Word 말씀	말씀의 능력	하나님이 우리에게 오심
Work 사역	하나님의 목적	하나님이 우리를 통해 이웃에게

Welcome(환영): 10~15분

환영은 아이스 브레이킹(ice breaking)으로 간단한 질문 혹은 게임을 통해 서로의 마음을 열고 알아 가는 시간이다. 이때 질문은 부정적이거나 심각한 내용보다 유쾌하고 발랄한 것이 좋다. 모임을 시작할 때의 어수선함과 셸을 처음 방문한 사람이 있을 경우 어색한 분위기를 해소하고, 모임의 하나 됨을 위한 시간이다.

Worship(경배): 20~30분

경배는 모임의 핵심으로 하나님께 드리는 영적 제사다. 경배에는 수직적인 부분과 수평적인 부분, 그리고 내면적인 부분이 있다.

수직적인 부분은 하나님 앞에 진솔한 예배자가 되어

하나님께 집중함으로 하나님의 임재와 능력을 경험하는 것이다. 이때는 자신의 고백보다 하나님의 위대하심을 송축하는 것이 중요하다.

경배의 수평적인 부분은 다음과 같다.

첫째, 셀의 지체가 그리스도 안에서 한 몸임을 깨닫게 한다(고전 12:27). 둘째, 찬양과 경배를 통해 영적 진리를 깨달은 성도가 함께 하나님 앞에 나아간다. 셋째, 찬양과 경배와 더불어 기도(특히 대화식 기도를 통해)로 지체가 서로 덕을 세운다. 넷째, 찬양과 경배를 통해 새신자 혹은 비신자들이 하나님의 영광을 경험한다. 다섯째, 찬양과 경배 안에서 자신의 은사로 서로에게 사역한다. 여섯째, 지체와 더불어 화답한다(엡 5:19, 골 3:16).

경배의 내면적인 부분은 다음과 같다.

첫째, 찬양과 경배를 통해 하나님은 우리의 마음을 위로하시고 회복시켜 주신다. 둘째, 온전히 하나님 앞에 나를 비우게 된다. 셋째, 내가 할 수 있는 모든 표현, 감정, 고백을 찬양과 경배를 통해 나타낸다. 넷째, 찬양과 경배를 통해 믿음이 성장한다. 다섯째, 찬양과 경배를 통해 치유를 경험한다. 여섯째, 찬양과 경배를 통해 하나님의 거룩함이 우리 삶 속에 일부가 된다. 일곱째, 더 헌신된 예배자가 된다.

Word(말씀): 30~40분

말씀 나눔은 두 가지 방법으로 진행된다. 주일 설교 말씀을 나누는 것과 일주일 동안 큐티한 은혜를 나누는 것이다. 설교를 나눌 때는 주로 설교 본문과 설교 요약분을 읽은 후에 주어진 질문을 나누고, 큐티는 한 주간의 묵상을 통해 받은 은혜와 삶의 일상에서 경험한 은혜를 나눈다.

Work(사역): 30~40분

사역은 모임의 머리이신 성령님이 자신의 목적을 드러내는 것으로 내적인 사역과 외적인 사역이 있다.

내적인 사역은 주로 지체 간의 덕을 세움으로 그리스도의 몸을 온전하게 하는 것이다. 아픔과 절망, 자신의 연약함으로 쓰러진 지체를 돌아보고, 하나님이 주신 은사를 통해 함께 나누는 상호 책임의 사역이다.

그런즉 형제들아 어찌할까 너희가 모일 때에 각각 찬송시도 있으며 가르치는 말씀도 있으며 계시도 있으며 방언도 있으며 통역함도 있나니 모든 것을 덕을 세우기 위하여 하라
고전 14:26

외적인 사역은 하나님의 일하심에 참여하는 것으로 이

웃과 친구를 위해 기도하고, '나의 이웃'에서 '우리의 이웃'으로 관계를 확장하는 시간이다. 이 시간의 목표는 전도가 아니라, 우리의 일상에 거하시는 하나님의 나라와 우리 이웃에 관한 이야기에 관심을 가지는 것이다. 때로는 나의 이웃을 셀로 초대하는 것도 좋다.

너희가 짐을 서로 지라 그리하여 그리스도의 법을 성취하라
갈 6:2

모임을 준비하라

"매주 하는 모임인데 굳이 준비까지 해야 하나요?"

익숙함이 도리어 모임을 해치는 경우가 많다. 매주 진행 방식(4W)은 같지만, 하나님이 임하시는 방법은 늘 새롭고 다르다. 늘 같으리라는 것은 우리 생각이고, 하나님은 우리를 새롭게 만나신다는 것을 알아야 한다.

수천 년 동안 성도들이 성경 말씀을 통해 하나님의 음성을 듣는 것은 성경이 단편적이고 고정된 것이 아니라, 살아 있는 복음이기 때문이다. 말씀이 날마다 다른 것처럼 모임도 날마다 다르다. 모임이 매주 같을 것이라는 생각은 스스로 하나님의 기대를 포기한 것이다.

리더는 모임에 방해되는 것이 있는지 확인하고 사전에

정리하는 것이 좋다. 예를 들면, 휴대 전화기는 모임이 시작되면 잠시 꺼두게 한다. 그리고 간단한 음료나 차는 모임 중에 긴장감을 해소하는 데 도움이 되지만, 다른 음식은 집중력이 떨어질 수 있으므로 모임이 끝난 후에 내놓는 것이 좋다.

가능한 한 30분 전에 모든 준비를 끝내고 기도로 준비하는 것이 좋다. 이 모임의 리더는 자신이 아니라 성령님임을 인정하고, 성령님이 이끄시는 대로 자신을 내려놓는 것이 필요하다.

리더와 마찬가지 셀원도 모임을 위해 첫째, 기도로 준비하고, 둘째, 성령님과 지체에게 열린 마음을 가지며, 셋째, 성령님의 일하심에 대한 기대감을 갖는다. 특히, 자신과 더불어 지체에게도 일하시는 하나님의 은혜를 기대한다. 넷째, 자신을 십자가 앞에 내려놓는다. 때로는 자기 경험이나 신념을 상대방에게 강요하거나 판단하는 일이 있다. 하지만 자신의 생각으로 판단하거나 주장할 때 더 이상 머리이신 예수 그리스도가 이끄시는 공동체가 될 수 없다. 우리는 자신의 생각과 경험이 하나님의 일하심에 방해가 된다는 것을 알아야 한다. 그러기 위해서는 십자가 앞에서 자신을 내려놓는 연습을 매일 해야 한다.

환영(Welcome): 리더는 주어진 환영의 질문이 오늘 상황에 적합한지, 그렇지 않은지 점검해야 한다. 만일 새로운 지체(혹은 방문자)가 왔다면, 미리 주어진 질문보다 재미있는 질문이나 간단한 게임으로 낯선 분위기를 부드럽게 하는 것이 효과가 있을 수 있다. 진지한 성격이라 환영이 힘든 리더가 있다면, 셀원 중에 분위기를 잘 이끌어 가는 사람에게 진행을 맡기면 자연스럽게 예비 리더로 훈련도 되어 좋다.

경배(Worship): 모임에서 경배의 비중이 크기 때문에 준비 없이 찬양을 인도하는 것은 어렵다. 인도자는 첫째, 악보를 준비한다. 찬양을 모르는 사람도 있지만, 가사를 정확하게 모르면 하나님의 임재를 경험하기 어렵다. 둘째, 찬양을 미리 여러 번 불러 본다. 아는 곡도 사전에 불러 보는 것과 그렇지 않은 것은 차이가 있다. 셋째, 찬양을 몇 번 부를지, 가사의 의미 등을 파악한다. 그리고 마지막에 기도한다. 하나님께 드리는 영적 예배인 경배(worship)는 잘 준비되었다 할지라도 기도 없이는 온전한 경배가될 수 없다. 그 시간에 하나님의 임재가 임할 수 있도록, 그리고 인도자 자신이 먼저 성령 충만한 예배자가 되도록 기도한다. 리더가 반드시 경배를 인도할 필요는 없다.

재능이 있는 사람이 있으면 세우되, 인도자로 훈련시켜야 한다.

말씀(Word): 말씀 나눔은 한 주간 하나님과 동행한 삶과 은혜를 나누는 시간으로, 충분한 나눔을 위해 주어진 말씀(본문)과 더불어 간증을 적절하게 고백하면 좋다. 말씀 나눔은 연속성이 필요하기 때문에 반드시 큐티나 주어진 말씀을 매일 묵상하고 삶의 적용이 생활화되어야 한다.

말씀 나눔은 성경의 내용이나 지식이 아니라, 하나님의 뜻과 메시지를 통해 '하나님과 나' 그리고 '하나님과 우리'의 관계를 풍성하게 한다.

말씀 나눔이 풍성하기 위해서는 첫째, 한 주간 하나님과 풍성한 교제가 있어야 한다. 그러기 위해서 큐티(혹은 통독)와 기도의 시간이 중요하다. 둘째, 말씀을 일상생활에 적용해야 한다. 셋째, 하루에 실천한 내용을 기록한다. 넷째, 다른 지체의 나눔에서 하나님의 계획이 무엇인지 기대하며 듣는다. 다섯째, 오늘 함께 나눌 본문을 미리 충분히 읽고 하나님에 대한 기대감을 갖는다.

말씀 나눔에서 주의할 점은 첫째, 다른 사람을 판단하거나 강요하지 말아야 한다. 둘째, 대화 중에 끼어들지 않는다. 셋째, 나눔 중에 상담하지 않는다(필요할 경우 모임을 마친 후에 개인적으로 도움을 준다). 넷째, 리더가 문제를 해결하지 않는다. 리더는 지체들을 하나님께 인도하는 안내자이지 해결사가 아니다. "하나님께서 이 문제를 어떻게 풀어가실지 함께 기도합시다"라며 하나님께 인도한다.

사역(Work): 사역은 열린 마음이 중요하다. 특별히 무엇을 하는 것보다 하나님의 음성에 민감하고 예민해야 하는데, 리더의 일상적인 기도의 삶이 중요한 이유가 여기에 있다. 사역을 '덕을 세우는 사역'으로 일컫기도 하는데 이는 하나님의 일하심과 지체를 통해 그리스도의 몸을 세우는 사역이 자주 일어나기 때문이다.

셀모임 인도

환영(Welcome)

환영하기의 짧은 질문은 모임의 오프닝(opening) 개념이다. 모임 오기 전에 분주했던 마음을 추스르고 어색한 분위기를 부드럽게 하는 효과가 있기 때문에 서로 열린 마음으로 관심을 가져야 한다. 그러나 환영하기가 엉뚱한 방향으로 흘러갈 수 있다. 예를 들면, 모임에 오랜만에 왔거나 진지한 분위기를 싫어하는 사람이 주도해 가면 모임이 '대충' 혹은 '놀자' 분위기로 변질될 수 있다.

환영하기의 적당한 시간은 10~15분 정도로 지체 중에 몇 사람만 나누어도 된다. 먼저 둥글게 앉아 인도자가 자연스럽게 모임에 온 지체를 환영하며 시작한다. 이 시간에 음료나 차를 마시면 분위기가 좀 더 부드러워진다(양은 10분 만에 먹을 수 있는 정도). '오늘 모임 주제와 관련된 질문' '한 주간 안부를 묻는 질문' '일상에 관련된 질문' '추억을 묻는 질문' '유머와 관련된 대화' 등 가능한 한 긍정적인 대화를 이끌어 가는 질문이 좋다.

그러나 환영하기는 생각보다 간단하지 않다. 환영은 낯선 사람과도 쉽게 대화하고 유머가 자연스러운 서양인에게 맞춰진 형식이기 때문에 한국인에게 낯설다. 모임이 시작되기 전에 깔깔거리며 웃던 사람도 막상 환영하기를 시작하면 경직되거나 인도자와 눈을 마주치지 않으려고 한다. 그래서 그 전까지 부드러웠던 분위기가 오히려 경직되는 경우가 많다. 인도자가 중요한 이유다. 새로운 방문객이 없을 때는 차를 마시며 자연스럽게 질문 없이 진행하는 것도 좋은 방법이다. 다만 시간에 제한을 두어야 한다.

어느 정도 분위기가 부드러워지면 자연스럽게 환영하기에서 '경배'로 이어진다. 이때 화기애애한 분위기(때로는 시끌벅적한 분위기)가 갑자기 경건한 분위기로 전환되는 것이 쉽지 않다. 환영하기가 끝나는 대로 리더나 인도자가 자연스럽게 "이제 기도함으로써 모임을 시작하겠습니다" 하며 기도 후에 자연스럽게 찬양으로 이어지도록 하면 좋다.

경배(Worship)

> 오라 우리가 굽혀 경배하며 우리를 지으신 여호와 앞에 무릎을 꿇자 시 95:6

경배는 환영하기로 한마음이 된 공동체가 하나님 앞에 나아가는 영적 제사(예배)로 성령께 집중하는 시간이다. 우리는 경배를 통해 한 몸임을 확인하고, 성령님의 임재와 그에 따른 치유를 경험하게 된다.

경배의 진행은 찬양(1) → 합심기도 → 찬양(2) → 대화식 기도 → 찬양(3) → 마무리 기도의 형식이 무난하다. 찬양은 한 곡당 짧은 곡은 4~5회, 좀 긴 곡은 3~4회 반복해서 부르는 것이 좋고, 다음 찬양으로 넘어가기 전에 합심기도나 대화식 기도를 하면 좋다.

인도자가 주의할 것은 첫째, 멘트를 가급적 하지 않는

다. 둘째, 소그룹에서 부를 수 있는 곡을 선곡한다. 셋째, 친숙하지 않은 곡은 피한다. 넷째, 찬양을 대충해서는 안 된다. 다섯째, 악기에 자신이 없으면 사용하지 않아도 된다.

말씀(Word)

주일 설교 말씀으로 나눌 경우, 한 사람이 설교 본문을 읽은 후 잠시 묵상한 다음 리더나 지체 중의 한 사람이 요점 정리한 설교 내용을 읽는다. 주어진 질문을 나눌 때는 자신이 받은 은혜와 적용한 내용을 함께 나누도록 한다.

큐티 중심으로 나눔을 할 경우, 한 주간 큐티 본문의 말씀을 리더가 5분 이내로 이야기한 후에 잠시 묵상을 한다. 그리고 리더가 주어진 질문을 자연스럽게 나누도록 인도한다.

말씀 나눔에서 리더는 대화를 주도하거나 유도해서는 안 된다. 반드시 3:7 대화의 법칙(리더가 3 지체가 7이다)을 지켜서 균형을 이룬다. 머리이신 예수 그리스도가 모임에서 어떻게 일하시는지 그분에게 완전히 맡겨야 한다.

나눔 중에 어려운 문제가 있거나 지체가 힘든 이야기를 할 때 상담하거나 가르치지 않는다. 대신 머리이신 예수 그리스도께 기도할 것을 권면한다. 리더가 모임의 주도권을 내려놓고 성령님께 모든 것을 맡긴 뒤 자연스럽게 사역(Work)으로 이어 간다.

사역(Work)

내적 사역은 덕을 세우는 사역으로 말씀 나눔(Word)에서 특별히 기도해야 할 지체나 기도를 받기 원하는 지체에게 사역을 한다.

"김○○ 집사님이 우리에게 ○○한 문제를 말해 주셨는데, 우리의 머리되신 성령 하나님께서 김○○ 집사님을 통해 어떤 일을 하기 원하시는지 함께 기도하겠습니다."

이때 그리스도의 몸으로 연결된 지체들이 기도받는 지체를 가운데 세우고 둥글게 선 뒤, 지체의 몸에 손을 얹고 기도하는 것이 효과적이다(이성인 경우 조심하는 것이 좋다).

셀에서 외적 사역은 단순히 공동체의 내적 관심에 머무르지 않고, 지체들이 자신의 이웃과 직장 동료, 친구들에게 선한 이웃이 되도록 이끄는 사역이다. 셀은 교회와 더불어 성도가 선한 그리스도인으로서 세상의 빛으로 살 수 있도록 인도하는 공동체이기 때문이다.